錢穆先生全集

錢穆先生全集

〔新校本〕

中國文化精神

九州出版社

圖書在版編目（CIP）數據

中國文化精神 / 錢穆著. -- 北京：九州出版社，2011.7（2024.1 重印）
（錢穆先生全集）
ISBN 978-7-5108-0980-4

Ⅰ. ①中…　Ⅱ. ①錢…　Ⅲ. ①文化精神－研究－中國　Ⅳ. ① K203

中國版本圖書館 CIP 數據核字（2011）第 086434 號

中國文化精神

作　　者　錢　穆　著
責任編輯　周弘博
出版發行　九州出版社
裝幀設計　陸智昌　張萬興
地　　址　北京市西城區阜外大街甲 35 號
郵　　編　100037
發行電話　（010）68992190/3/5/6
網　　址　www.jiuzhoupress.com
印　　刷　三河市東方印刷有限公司
開　　本　635 毫米 × 970 毫米　16 開
插頁印張　0.5
印　　張　15.25
字　　數　165 千字
版　　次　2011 年 7 月第 1 版
印　　次　2024 年 1 月第 3 次印刷
書　　號　ISBN 978-7-5108-0980-4
定　　價　62.00 元

中國文化精神

錢穆

錢穆先生手迹

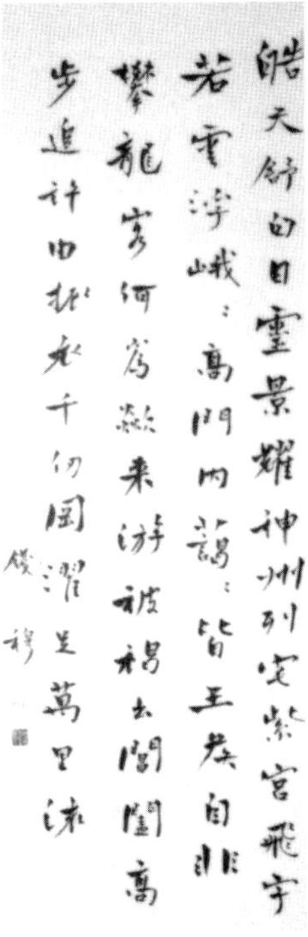
皓天舒白日靈景耀神州列宅紫宮飛宇
若雲浮峨峨高門內藹藹皆王侯自非
攀龍客何為歘來游被褐出閶闔高
步追許由振衣千仞岡濯足萬里流
錢穆

錢穆先生書法

新校本說明

錢穆先生全集，在臺灣經由錢賓四先生全集編輯委員會整理編輯而成，臺灣聯經出版事業公司一九九八年以「錢賓四先生全集」為題出版。作為海峽兩岸出版交流中心籌劃引進的重要項目，這次出版，對原版本進行了重排新校，訂正文中體例、格式、標號、文字等方面存在的疏誤。至於錢穆先生全集的內容以及錢賓四先生全集編輯委員會的注解說明等，新校本保留原貌。

九州出版社

出版說明

一九七一*年春，「國防部」集海、陸、空三軍軍官為「莒光班」，輪番受訓，錢賓四先生受邀講「中國文化精神」一課，前後十三次，彙成此書。此為先生繼中國文化十二講一書後，對當前軍人所作系統的文化講演之第二集。

先生自言，凡其所講，無不自其對國家民族之一腔熱忱中來，皆是從一生在不斷的國難之鼓勵與指導下困心衡慮而得。讀者讀此書，若能與先生全集中其他文化講演集合讀，庶可對我國傳統文化精神有廣面及深度之認識。

本書於一九七一年七月在臺出版，一九七三年交三民書局總經銷。今整編為全集，即以初版為底本，另在第四、第五、第十篇講稿下，增附先生當年所寫之講演大綱。全書又添加書名號、私名號、引號，並重作分段及版式之整理，以方便讀者閱讀。排校工作雖力求慎重，錯誤疏漏之處在所難免，

---

*新校本編者注：原文為「民國」紀年。下同。

敬祈讀者不吝匡正。

本書由胡美琦女士負責整理。

錢賓四先生全集編輯委員會　謹識

目次

序……一
一 中國文化精神……一
二 中國文化傳統在那裏……一七
三 中國文化的變與常……三三
四 文化傳統中的衝突與調和……四九
＊附錄 講辭大綱……六五
五 文化的散播與完整……七七
＊附錄 講辭大綱……九三

六　文化的長命與短命……一〇五
七　文化中之事業與性情……一二一
八　文化的中和與偏反……一三七
九　文化中的自然與世俗……一五五
十　文化中的積累與開新……一六九
＊附錄　講辭大綱……一八四
十一　文化中的精粹與渣滓……一九一
十二　文化的前瞻與回顧……二〇五
十三　復興文化之心理條件……二二一

序

余遷居來臺，即曾在空軍各基地作過一番巡迴演講，又增以在三軍參謀大學、海、陸、空軍官校之演講，共成中國文化十二講。此為余對當前軍人作有系統的文化演講之第一集。今年海、陸、空三軍之軍官集合為莒光班，輪番受訓，余應蕭政之教育長之邀約，隨班講「中國文化精神」一課程，前後十三次，彙印成册，此為余對當前軍人作有系統的文化演講之第二集。莒光班此一課程，此下仍將繼續，政之囑余改定總題為「中國文化對世界之責任」，余已應其請，仍當隨班絡續分題講述，將來再以彙印，將為余對當前軍人有系統的文化演講之第三集。①

聞鼙鼓而思將帥。今者國難當頭，保護國家，捍衛文化，惟我軍人擔當了莫大的責任。惟能對國家民族傳統的文化有信心，始能對保護捍衛當前的莫大責任有勇氣。余對中國傳統文化之深博偉大，所知甚淺。然自問愛國熱忱，則自幼年迄於今茲，從未後人。凡我所講，無不自我對國家民族之一腔

① 編者案：此書出版不久，莒光班人事有變動，先生未再對軍人作有系統之文化演講。

熱忱中來。

我之生年，在前清光緒乙未，即馬關條約臺灣割讓日本之年。我之一生，即常在此外患紛乘，國難深重之困境中。民國元年，我即在鄉村小學教書。我之稍有知識，稍能讀書，則莫非因國難之鼓勵，受國難之指導。我之演講，則皆是從我一生在不斷的國難之鼓勵與指導下困心衡慮而得。

我敬願以此一腔熱忱，以此稍許困心衡慮之所得，貢獻於當前負保護國家捍衛文化之大任的軍人們。並願仍鼓餘勇，以追隨於我可敬愛之軍人之後，同為當前國難善盡我所能追隨之貢獻。

一九七一年七月　錢穆

一　中國文化精神

一

蕭教育長要我在此班上講「中國文化精神」，每次講兩小時，我想將此題目做一個連續講演，這次講了，下次接着往前講，每講都記錄下來，諸位不能按期聽，但可每期看紀錄。

前幾年，我在空軍各基地講演，曾有中國文化十二講一書，亦用此方法，或許諸位都看到。另有一部中國文化叢談，裏面大部分都是多年來在臺各方面的講演，又一次在成功大學講「史學導言」①，雖是講歷史，實在主要也是講中國文化問題。希望諸位把此三書作參考。我此下所講，在大的意義上，不能同上述三書有很大出入，但我講話將儘量避免重複。

① 編者案：「史學導言」四講已收入中國史學發微一書中。

今天第一講，即以「中國文化精神」為題，此下雖每一次換一題目，但只是在最開始的題目下作不同的講演而已。

二

我們要講中國文化，應該分兩面講：

一、是知識問題，究竟中國文化是什麼？

二、是評判問題，究竟這種文化，要得要不得，該發揚不該發揚？

我們先得認識了中國文化是什麼，才能講到中國文化的價值優點在那裏？缺點在那裏？與其如何光大與改進。但此兩點實也分不開，有時還得混在一起講，不能嚴格作區別。

我們先講什麼是文化？依照普通意見，文化就是我們的「人生」，只是並不指我們每一個人各別的人生，乃是指的一個大羣集體的人生。此一大群集體的人生，乃是我們的共同人生。惟有「共同人生」乃可稱之為文化。但此共同人生，則必經長時期變化醞釀而來。

也可說，大羣人生乃是一種「公生活」。個人人生則只是一種「私生活」。我們此刻說：文化即是長時期的大羣集體公共人生，而中國文化，則是中國人或是中國民族經過了四五千年長時期變化蘊積而到今天之所成。如此說來，諸位便知這問題很複雜，不簡單，不是三言兩語可盡。我將盡我所知，一次一次慢慢講下。此一知識，既難頃刻即得，而欲下評判，更該審慎將事。

遠在四十年左右以前，即有人講中國文化，歷舉了八項，如太監、女人裹小腳、娶姨太太、鴉片煙、麻雀牌等，認為這些便是中國文化，而中國文化也不過這些。當然我們不能否認，這些都在中國社會上出現，便是中國人生中一貎相。而且有些也經歷了相當的長時期，如中國政府中有宦官，如中國家庭裏有妾侍，經過時期皆不短。即如女人裹小腳，也就有一千年上下。我們不能不說在中國文化中有此諸種現象。但我們至少要問，中國文化是不是就是這幾件？中國人生是不是就是這幾樁？當時講這話的人，他只要我們知道中國文化根本要不得，所以如此講。只可說乃是由意見來選定知識，不是由知識來決定意見。我們當知，太監、姨太太並不即是中國人的公生活。中國傳統政府，重要的不在有太監；中國傳統家庭，重要的不在有姨太太。那能輕率憑此判定中國文化就是如此。然而講此話的人，乃是我們四十年來中國社會乃至學術界所公認的大師，狂妄的誣蔑中國文化，無寧在此幾十年來中國人的共同心理上，歡迎勝過了厭棄，此是當前一大問題。我們來講中國文化，此四十年來這一心理問題不該不注意。

我們今天，能不能在討論中國文化問題上，先求知識，再施評判。大家先有了一個共同認識，再從而產生一番共同意見，庶乎在中國文化價值問題上，有一個更新更合理的展開。這是我作此講演所衷心期望的。

三

今天講文化，第一當知文化必然有一個「傳統」。這幾十年來，在一般意見上，或許可以說，看見傳統二字就生厭。所以我們慣常在傳統二字上再加一字，稱作「舊傳統」。這本不錯，成為傳統則定是舊的，任何傳統都必是舊的。但我們又該知，文化必然有傳統，無傳統就是無文化。而我們一般人意見，似乎只想要一個無傳統的新文化，不願再要此有傳統的舊文化。是否能如此？這是世界人類文化共同一大問題，不是我們想要便可如此。

退一步說，文化是一「存在」，而存在則必然有「時間性」，任何一事物，不能霎地存在，霎地消失。存在的時間，即是此存在之傳統。試以人來作例，每人就各有一傳統。今天在座諸位，若是一位三十歲的人，便有他三十年的傳統。沒有此傳統，便沒有此人。此傳統又可分兩方面來講：

第一：是身體的傳統，人的身體，從嬰孩到長大，當然天天可以有變化，但在變化中仍有傳統，今可稱之為「肉體」的傳統，或「物質」的傳統，要之你身我身各有傳統，不相混雜。

第二：我們當知，身傳統之外還有「心」傳統，也可說是「精神」的傳統。如我們每人各有記憶，所記憶各不同。每人記得各自以往的一切經過，記憶不同，即是傳統不同。除記憶外，又有各自的智慧，智慧不同，也造成了各人的傳統不同。此層較深微，暫不細講。此外又有嗜好不同，同吃一頓飯，喜好各別，興趣有異。又如或喜歡聽音樂，或喜歡看打球，這些都是精神傳統的不同。

若使我們能推翻傳統，把各自以往傳統取消，忘其故我，各來一個新我，雖亦有此說法，但推義至盡，怕只有一條路可以達到此希望，那就是自殺。否則便是喪心病狂。心失掉了，稱為狂人，雖有身傳統，更無心傳統。不知自己姓名，乃至父母家庭，以及其嬰孩期青年期以至到現在的歷史經過。甚至連身體也都忘了，飢飽冷暖都不在心上。但他不是自殺，因尚有一身傳統。說他喪心病狂，其實他心亦仍在，只是失了其傳統。

每一人必有一傳統，此一傳統可以直溯到他的父母祖先，在生物學上有遺傳學、優生學講此傳統。但我們的心傳統，則多有從身外邊來，從整個社會整部歷史來。此層我們各自反身尋求便易知。所以我們講文化，定該知有一傳統，不能離着傳統講。

傳統必有「持續」，如手上拿一東西沒有掉，繼續拿在手，是持也是續。剛才講過，傳統便是一存在。換句話講，傳統便是一持續，存在也是一持續。傳統地持續着，那便是生存。而其中便有變化，此層待後再講。此刻所說，文化便是一「存在」，便是一「持續」、一「傳統」，此是我開宗明義最先要講的。

其次要講，文化就等於「生命」，生命也是一種存在。生命可分為「個人」生命與「大羣」生命。此刻暫不在此上細講。且講，生命各有「大」「小」之別。每一人的生命，可分成兩部分，一是小生命，一是大生命。這如何說呢？每一生命，必要從外向裏。如外面食物吃到肚子裏，消化營養。又如穿衣服，生暖防寒。這都是從外向裏。凡屬衣、食、住、行，一切物質生活都如此。即講心生命，一切知識，也都是由外向裏。講話、識字，有很多技能。嗜好興趣，其實都從外邊來。所謂外，又有大小之別。小之從某一人，大之從人羣社會，乃至宇宙大自然。總之，人之生命，先是由外向裏。由宇宙萬物，大羣社會，取求供養，這才造成了一個「小我」。每人的這種生命，我今稱之曰「小生命」。同時我們的生命，又必從裏向外，各從一個小生命中發出行動、工作、思想，一切來向外貢獻，這可稱為「大生命」。由外向裏，所成就小，故稱小生命。由裏向外，所影響大，故稱大生命。

每一人各有一小生命，亦各有一大生命。小生命，乃從人類大生命中生出。同時也從各自的小生命中來變化此人類之大生命。沒有天地，當然不會有人類，這是從外向裏。但人的生命，又要從裏向外生變。從外向裏，見生命之「共相」。從裏向外，見生命之「個性」。文化是大生命，每一文化亦必有其個性。

人類必有羣，每一羣中各有小己之我。羣性己性各有別。就小生命向外「需求」言，固是大體相同。從小生命向外「影響」言，則各不同。中國人名此曰「性」。所謂個性，乃是一種個別的與衆不同的存在。此種不同存在，主要在「心」，亦說在性。人有個性，家庭、社會、民族、大羣，亦各有個性。中國人與外國人不同，中國人中，廣東人與山西人不同。廣東人中，某家與某家亦可以不同。每一家中，父母兄弟每一人亦各不同。從不同個性中而起變化。若無個性，如黃茆白葦，雖有生命存在，更無變化相異，又何來有所謂文化？

綜合言之，文化定有傳統。傳統則亦是生命性的。此種生命則定是大生命。大小生命，各是由內向外，有其獨特的個性。

四

今再就傳統中之有「變化」言，如一樹，生根、發芽、長幹、抽枝、報葉、開花、結果，這一連串，即是它的生命傳統，亦可說是生命之持續。每一樹，則有一個性。此一成長，乃其生命中必然應有的變化。有了這些變化，此樹的生命才算完整。倘使只生根不發芽，只發芽不長幹，這就生命不完整。長了幹不抽枝、不報葉、不開花、不結果，這生命同樣不完整。講到動物，如家裏養一狗，此狗生命是連續的，慢慢由小變大，成了老狗，纔是它生命之完整。無論動植物，在其完整的生命過程中則必然不斷會有變。文化既是一生命，它本身定是要變，不是我們要去變它，它自會變。一如小孩變大人，一個根埋在地下，到頭會開花結果變出新樹來。但沒有舊的，那會有新的。一切文化只是一傳統，只是一舊，但定會日新又新，不斷往新的路上走。

今天諸位總愛說新文化，又要說新生命，但如一棵樹，是不是開了花便叫新樹，那根與幹便是老樹舊樹呢？我想這種「新舊」觀念，該要從頭重新來辨認。先簡單講，如說生命從舊變新，我們不能喪心病狂，先不要那舊的。舊生命沒有了，新生命又從那裏來？倘說科學可以創造新生命，但轉瞬間，新生命又會變成老生命舊生命。只要是生命，就該有持續，亦必會有變化。講到文化，亦必有新有舊，有變有常。不能只愛新，不喜舊；只愛變，不喜常。一日三餐，這是飲食之常。衣服也不能天天穿新的。我有一個家，父母兄弟姊妹，這是一個常。父母之年不可不知，一則以喜，一則以憂，那必得有變。那是不得已。不得已而變，也該有一不離「常」之變。假如我們拿常當作舊，拿變當作新，那麼文化必然有新亦有舊，有舊亦有新。若是至變無常，那樣的人，怕也不能當作人，你不能和他做朋友，父母也不能認他做子女。因他總在變，天天變一新人，更不見其像舊人處。實則並無那樣的人。既無那樣之事，也無那樣之理。

我們早說文化是長時間的大羣人生，在此長時間中即不斷有變。此不斷之變便成了文化之傳統。此一傳統則有他的生命性，有他的與眾不同處。不同在那裏？則在其個性上。

五

上講文化必有一傳統性，此一傳統性，等於是一生命性，在此生命性中則必有一個性。現在接講，文化則定有一個種。這個「種」字，仍從生命之種借用來。如桃樹、李樹、松樹、柏樹，生命不同，就是個性不同。桃花不能結李子，柏樹不能開松花，因是種不同。

剛才講過，生命有大小兩方面，像松、柏、桃、李等植物，乃至犬、馬、牛、羊等動物，它們的小生命，都要從外向裏來維持，但更不能從裏向外更創造新生命。當然它們也會由裏向外發生影響、作用，可是影響小，我們都把來歸之自然，更不說它們更有一內在之裏面。人為萬物之靈就不同。人類亦如其他動植物，須從外邊來完成他生命，可是他又能把他生命來完成外邊。人能栽一棵樹，能養一條狗；樹與狗不能來栽培養育一個人。這見雙方生命之大小。

任何一個生命，需要外面滋養，也得提防外面摧殘。空氣養人，但種種病從空氣來；飲食養人，但種種病也從飲食來。如沒有風雨，一切植物不能生長，但一切植物也往往受風雨的摧殘。由此觀之，每一生命，必得利用外面，同時亦須抵抗外面。每一生命，則必有一外面，得靠它、利用它，又得防它、抵抗它。若只懂得依靠，不能抵抗；只懂得抵抗，不懂得依靠，那就都不對。

文化傳統，便是民族一部生命史。歐洲人有歐洲人的文化，我們此刻稱之曰「西方文化」，但內涵各民族，有拉丁、條頓、斯拉夫民族等，各民族間仍然有分別。各民族間的生命都有長時期的歷史積累，便成為文化傳統。但以較之中國，則如蒼松老柏與嬌桃豔李之比。中國文化，偉大、悠久。誰不願大而久，「可大可久」，可稱為是中國文化「特性」，此是中國的文化種同別的文化種不同。任何一生命，定有它一種很堅強的生存慾，此種慾固是看不到，但可推而知。如人總想自求生存。多活長壽，這是生命的內在要求，沒有這種要求，就沒有這個生命。此種生存的要求與慾望，我們亦稱之曰「生命的精神」。

文化是傳統的、生命的，有個性，像有一個種，在其內裏則必然附帶有一番精神。凡屬生命，必然有這番精神，總是好生愛己，只要能生便喜歡，覺得快樂。這裏面像有一種力量，也可說是一種能耐。如一棵樹，要耐得風吹雨打太陽晒，外而一切都能耐。任何一種生命，對於外邊總要有耐心耐力，不脆弱，不輕薄，這是生命精神。我們亦可說，世界上沒有任何民族能像中國民族這般大，這般久。中國最是世界上一大民族，經過了最悠久的歷史。歲寒然後知松柏之後凋。我們只要看高山大谷中的蒼松翠柏，來和陌上桃李相比，顯然自見不同。

我們首該認識此一點，此下纔能繼續講。我今問諸位，並請諸位先要承認，我說文化定要有「傳統」，又說文化都有一種「生命性」，又說文化有「個性」，文化有「種」，其實只在外面講，未講到內裏去。但在外面這一些大綱節，該先有一共同認許，然後乃可絡續講下。

六

上面所講，暫可成一段落。次講文化千異萬變，今試分作兩大型：

一曰外傾型，偏重在物質方面。

一曰內傾型，偏重在精神方面。

講文化既必講到傳統，則必討論其可傳與不可傳？傳之可大可久與不可大不可久？我們當知有一種文化的「木乃伊」，古代埃及人，拿一些藥品塗了死人屍體，可使不腐，永遠保留，直到今天，埃及木乃伊遍布在英、法、美國的博物館裏。今說，某一文化之生命沒有了，而亦仍有其木乃伊存在。如遊埃及，觀其金字塔，此乃埃及古代一種文化表現，亦可說是古埃及之一種成績。到今天，古代埃及文化生命是終止了，而其文化生命之殘骸則還有保留，如金字塔。我說金字塔亦是埃及文化之木乃伊。等於一個人生命沒有了，不能再發生作用，而其生時殘骸則仍保留着。

如到羅馬，也可看到古羅馬遺留下來的很多古蹟，如鬥獸場，不能不說是一個偉大建築。古代羅馬人在此場中觀賞人獅決鬥。此刻雖破壞了，還有大部分保留，可以供人想像，那亦是古代羅馬文化一項表現。羅馬文化生命是沒有了，然而它的生前遺骸，則仍有保留，此亦是古代羅馬文化之木乃伊。這是西方文化上古時代所遺留下來的。說到西方中古封建時期，各地貴族堡壘，在義大利，在英法，在德國萊茵河岸，到處可以看到，但當時根深柢固，盤踞生長在裏面的那些封建貴族呢？此刻只保留下來那些堡壘，不也就是等於木乃伊嗎？又如歐洲中古時期直到現在還保留着的峨特式的大教堂，以及文藝復興以後的一些大教堂，乃至當時舉世共尊的教皇的宮廷，此刻西方耶教信仰逐漸降落，耶教勢力逐漸衰退，豈不像一樹生命逐漸枯槁，而老幹殘枝依然高聳地上，這又豈不將成為西方文化中宗教生命的一項木乃伊嗎？甚至說到近代，如第一次世界大戰以後，法國人造成了一條馬其諾防線，以防德國之侵入。但此防線，在第二次大戰時，一點用處也沒有，到今天這條防線恐還沒有盡淨拆掉，還有些處可供人觀賞憑弔。這些偉大的物質建設，從上古直到近代，都可以代表他們的文化生命之表現，現在則只賸些物質渣滓還保留着，這豈不都成了他們文化傳統中的木乃伊了嗎？

中國歷史緜歷四五千年，但這一類的東西卻特別少，也並不是說沒有。如萬里長城，自秦迄清，還是不斷修繕，但不能說已是一木乃伊。又如秦始皇帝造阿房宮，秦國亡了，阿房宮也燬了，但中國依然屹立，直到今天。在中國大地面上，找不出像埃及的金字塔，羅馬的鬥獸場，歐洲中古時期的堡壘和大教堂。我們至少可以說，這種偉大的物質建設，中國人一向不過分重視，所以沒有這樣的保留。但我們歷史上，究竟有沒有從頭到尾傳下來的東西呢？我們歷史上究傳下了些什麼呢？我想直率說一句，中國歷史從古到今傳下沒有破壞還存在的，只是中國「文化的生命」。

舉幾個具體的例，首先說到中國人的家庭，全世界人類生存，都有個家庭，而中國人的家庭確和人類中其他的家庭不同。中國人最崇拜孔子，孔子死了二千五百年，有一個家譜，一直傳到現在，七十三代有名有姓連緜不斷。這是說孔子以後。在孔子以前，從他父親上溯，他祖先從宋國遷到魯國去，在宋國本是一貴族，於是可從宋國再推到商朝。商王朝從湯開始，但今天我們還可從湯上推，把近代出土的甲骨文來證史記，商代祖先可直推到夏王朝的開始。如是則孔子的家譜，向前向後，明白可考，已超過了四千年。在全世界，沒有第二個家庭有四千年的歷史，換言之，即是有四千年的生命、四千年的精神。實也不只孔子一家。中國有百家姓，此書編集在宋初，到今也已一千年，趙、錢、孫、李，周、吳、鄭、王，各家有各家的家譜，各家有各家的歷史，都和孔家差不多，都可推溯到夏、商、周三代，都有兩三千年之久的緜歷。現在，我們纔開始不要這東西了。換言之，這是中國文化中的家庭傳統、家庭生命。此下我們要變出一套新文化來，自不會要此。但我將肯定地說，中國人傳下的家譜，卻不能把來和埃及金字塔、羅馬鬥獸場相比。我們還是喜歡保留一金字塔？或是一鬥獸場？還是要保留一個一個的家呢？現代的中國人，卻說家庭觀念要不得，不要家，也算是「新文化運動」。但此是下面事，我此刻要講上面。中國文化何以能保留了四千年，正為中國人的每一個家都是四千年的保留下來了。我們不能保家，那能保國保民族，這是我要講的第一點。

中國歷史上又有一項長久保留下來的東西，即是中國雖如此之大而常有一個中央政府。直從夏、商、周三代到今天四千年，中國永遠保留着一個中央王室的傳統。秦變漢、漢變唐、唐變宋，直到辛亥革命，朝代有變，王家常在，中國大一統的局面則沒有變。如今是說變為民主政治了，但民主政治仍該有個「統一的中央」，那是我們不該變的大傳統。試問現世界那一個國家，能保留一個全國統一的中央機構？而此機構能保留上四千年？固然在此四千年，或說自秦以下的二千年中，也有分崩割裂的時代，但這究是中國歷史之「變」，不能認為是中國歷史之「常」，那是稍讀中國歷史者所必該承認的。

明明全部歷史擺在這裏，中國歷史自然也儘有變，但中國的「家」和「國」，則沒有變。我此刻來講文化傳統，說西方人的文化傳統主要重在「物質」上；而中國文化傳統則主要重在「精神」上，這一分別，是顯而易見的。我們一到埃及，便會去看金字塔；一到羅馬，便會去看鬥獸場，這都是他們偉大的文化中所留下。中國則如此之類都沒有，但我們有可大有久的家與國，這兩樣，它們亦沒有。我說這是中國、西方文化個性不同，換句話講，是種類不同，也可說這是中國人和西方人雙方興趣、嗜好不同，我們喜歡這樣，而他們喜歡了那樣。今天的我們，則要徹頭徹尾把自己改過，把我們一切嗜好興趣統改成外國化，外國人不太重視家庭，我們也便不重視家庭，說是新道德。做父母的卻開通了，只說負責養育子女，子女大了，可以全不問，由其各自獨立，此徵現代中國人之共同心理，是如何般的傾慕新文化而忽視舊傳統。

又如大一統的中央政府，民國以來，也有人認為國家太大，運使不易，反而羨慕人家之小國寡民，四分五裂，要來提倡聯省自治。甚至最近在海外，也有提倡臺灣獨立的。這也可說是傾慕新文化，忽視舊傳統。但別人家也有傳統，我們不能從頭倒退去學。別人家之變，乃由其傳統而變，我們無其傳統，只想學其變，則只有追隨在後，別人變，我也變，變成只有尾巴沒有頭。而且別人家之變，在他們也有的不自知，我們則更只有盲目追隨，沒有頭，當然也沒有眼。回顧是一片空洞，前瞻是一片黑暗，於是更認為自己文化要不得，不要已往，不要現在，只要將來，其實則只要別人家的將來。我們若說，文化背後必有精神，我今試問，今天我們所有的精神，又是那樣一種精神呢？

七

諸位當知，文化即是一個生命，生命應在我們各人自己身邊，生命決不外在，而且急切也丟不掉。如各人有記憶，那能全忘了；各人有嗜好，那能全變了？我們則在急切地求忘求變。就知識分子言，一般說來，知道外國的，總是比知道本國的多。但這現象，究是可喜，抑是可憂呢？若待自己以往的全忘了，以下的，則全靠追隨別人，試問世界上能有這樣的民族、這樣的文化嗎？

依我個人論，我已過了七十之年，我敢老實對諸位說，在我心中，實在是更愛我們四五千年來的舊中國與舊中國人，更勝過我所愛於此七十年來的新中國和新中國人。諸位或許會說我頑固，但盼諸位不要說我是悲觀。因我認為中國民族與中國文化必將復興。此七十年來之中國與中國人，最多只是一過渡，不能說是一開創。我此等話，特別喜歡向諸位講，因諸位都是軍人，軍人天職，是要貢獻各人的小生命，來換回民族國家的大生命。尤其我敬重中國軍人，他們已把中國民族國家文化護衛了四五千年到現前，尚是屹立。全世界其他軍人，莫能與中國軍人相比，這是歷史事實，一點都不假。但我下邊向諸位所講，不是講軍事，軍事我不懂，我只想向諸位講中國文化，因諸位站在保衛中國文化的前線，是保衛中國文化的中堅，同時亦是保衛中國文化最後一壁壘。所以，諸位聽了我講中國文化，或許會認我所講多帶感情，但諸位應知，生命中不能全理智，不能無感情，中國民族要得要不得，中國國家該保不該保，那豈是理智問題，那能不帶感情。若專從理智講，我也知，我的生命決不是全世界生命中第一生命，但我也得保衛我生命，這不是言價值，乃是我之喜愛。諸位若問中國文化有沒有價值，我先問，諸位自己有沒有價值？這就從理智轉上感情。我有求生、好生、樂生的一種精神，與我生命分不開。倘使我中國民族是世界上最要不得的民族，中國文化是世界上最無價值的文化。在此七十年中，便有人說過，「中國不亡，是無天理」。但生命中有感情，便是一「天理」。我將換一句話說，「中國人不愛中國，則是無天理」。世界各民族都如此，不是只有中國人如此。若說中國要不得，中國纔眞不可救。我則認為此等說法，既無情，又無理。說中國民族國家文化該久遠存在的，那纔是中國人良心中之天理，不可磨滅之天理。

二　中國文化傳統在那裏

一

今天的講題是「中國文化的傳統」。上一次講，文化是一個「存在」，現在明有一套文化在這裏，豈不是文化就是一存在。在上一次我又講，一切存在都有一「傳統」，因宇宙間任何一存在，斷無倏爾起，倏爾滅，更無時間緜延。一切存在都有一時間緜延，我們即稱之曰「傳統」。因此講文化，便要講文化傳統。今天大家希望要創造新文化，這是對的，然而同時也不能沒有舊傳統。沒有舊傳統，怎來新創造？今天要講中國文化傳統究是些什麼，又在那裏？或許諸位也聽過很多人講中國文化傳統，今天我所講，或許和諸位平常所聽到的有一些不同。

首先講中國文化傳統是什麼？我說：就是我們「中國人」。只要是個中國人，在他身上就有中國文化傳統。再說，中國文化傳統在那裏？我說：中國文化傳統就在我們這許多中國人身上。進一步講，在我們的「心」裏。說文化傳統在我們身上，這是淺的講；說在我們每一人的心裏，這是深的講。這話不是我個人提出來這樣講，可以說中國人向來是這樣講，這是中國人講法。

在論語裏，孔子弟子子貢講了一段話。他說：

文武之道，未墜於地，在人。賢者識其大者，不賢者識其小者，莫不有文武之道焉。夫子焉不學，而亦何常師之有。

子貢所說「文武之道」，就是那時的中國文化傳統。子貢說：這個傳統，還沒有掉到地上，還在我們人的身上。或說在我們人的心裏。孔子已在春秋末年，這是一個大亂之世，黑暗萬狀，文化傳統等於要中斷了。但子貢說，文化傳統還沒有掉下地，還在人的身上。人不外分兩種：一是賢者，是高一等的人。一是不賢者，是低一等的人。整個世界，任何時代，都可有此一分別。

今天的我們，縱說是不賢者吧，可是我們總還是中國人。不很像樣，不合理想的中國人。賢者識大，這「識」字不是知識，僅是「記憶」。文化大道很高深、很複雜，我們不一定都能知、能了解，然而總還在我們的記憶中。賢者記憶到一些大的，不賢者記憶到一些小的。譬如飲食，鮮能知味，但總是飲焉食焉。人人總是活在此傳統中，不論懂不懂，可是在他心裏總還有一番記憶。孔子往那裏去學到文武之道、中國文化大統所在呢？子貢說：孔子就在一般人的身上學，因中國文化正還在大家身上。所以說「夫子焉不學，而亦何常師之有」。

今天我們來講中國文化，也就是來講孔子之道。孔子就是當時中國文化一個「集大成」的人。我們今天說孔子是「至聖先師」。但孔子之師又是誰呢？孔子的那許多道，究從何處學來？諸位或許說，孔子應是在書本上研究，這也不錯。但文化存在書本上僅成為一種「死知識」，而文化則是活的。孔子在當時許多人身上所見，乃始是一個「活傳統」，一個眞眞實實親親切切的眞傳統。我們每一人，固不能就代表中國文化，但亦究是代表了中國文化。只不能代表中國文化之全，與其深與大。然而我們就是生在中國文化傳統之裏面，而成為一中國人，那麼中國文化豈不就在我們身上。諸位不能謙虛，不用客氣。說自己是個不賢者，但不賢者也得識其小者。文化是個大東西，大東西裏面還有許多小東西。一個社會中，賢的總是少，不賢的總是多，然而每一個不賢的人，也能在他心中記憶到文化上一些小枝小節。只把這些集合起來，也就見出一個文化的大體貌。孔子就為懂得這道理，所以才能在當時文化破壞黑暗的時代，而集文化之「大成」，把文化傳統發揚光大。

今天我所講中國文化傳統在中國人身上這一意義，是根據子貢這番話來講的。倘使今天我們中國人裏面還出一個孔子來發揚中國文化，試問他先向那裏去學，難道他要到美國去學嗎？難道他儘在圖書館故紙堆中去學嗎？我想他一定會在我們這個活的社會裏學，在我們每人的身上來認識到他所要了解的中國文化。

二

諸位聽了我上面話，是不是認為凡是一個文化傳統便都在我們人的身上呢？如說英國文化在英國人身上，法國文化在法國人身上。這樣講法對不對呢？說到這裏，還有一層要辯白。因為中國文化究竟和西方文化有些不同。人類各民族間的文化，自然各有其突出之點，各有其和人家不同之處。中國文化精神最主要的，乃在「教人怎樣做一個人」。做人的道理和理想，應該怎樣做人，這是中國人最喜愛講的。西方文化，似乎比較並不看重此方面，他們所更看重的似乎在人怎樣來創物。中國文化看重如何「做人」；西方文化看重如何「成物」。因此中國文化更重在「踐行人道」；而西方文化則更重在「追尋物理」。

我這番話，上講已經提到過。譬如埃及有金字塔，羅馬有鬥獸場，也可以說埃及、羅馬文化傳統主要正在這上見。若我們要知道古代埃及文化是甚麼一回事，便會想去看金字塔；若要知道古代羅馬文化是什麼一回事，便會想去羅馬看鬥獸場等遺跡。不僅古代，即講到現代西洋文化，電燈、汽車、自來水，從一切極普通的小東西講到更大的，西方人能創造、能建設，把一切自然物改造成文化物。這也不是說中國人不能創造，然而總要比西方人差一段。諸位跑上街，跑回家，一切所見，差不多十分之七八是西方的。我們自可說西方文化傳統正就在這裏。諸位說，西方人能造這許多東西，便見西方之偉大！但我要告訴諸位，西方人創造出來的東西固是偉大，但並不能即說是西方人偉大。如說金字塔偉大了，但建造金字塔的人則並不偉大。鬥獸場偉大，而建造鬥獸場的人則並不偉大。否則埃及、羅馬，不會遽此滅亡。我們也可說，西方的東西可愛，我們都喜歡，但西方的人卻並不都可愛，甚至是可怕。兩百年來的西方人，只要他們所到，便可使這個地方窮而弱，甚至亡國滅種。這還不可怕嗎？

在我小孩時，七十幾年前，中國還算幸而沒有亡。然而世界上的國家，不曉得亡了多少，還至於有滅種的。只要西方人所到，便舉世不安。這是一部眞實的現代史，不是我隨便瞎講。西方人到美洲，美洲紅種人沒有了。西方人到南美洲，南美洲土人至今還有多少呢？西方人到非洲，非洲成了怎樣一個樣子呢？西方人到亞洲，亞洲人本有一套自己的文化傳統，然而亡國滅種接着來。幸而是西方以外的人不得安，西方人本身自己也不得安。西方人的力量，別人受不了，西方人自己也受不了，於是乎才有第一第二次大戰。到今天是什麼結果呢？還是一個舉世不安。可是西方人的力量卻衰下去了。從前被他們亡的國家，現在都站起來了。未滅絕的種族，也重得生存繁殖了。只看今天聯合國裏許多國家，大部分都從西方人口裏吐出來。吞了進去沒有消化，今天吐出來，而今天的世界乃至西方自身還是不安。究竟下邊如何，誰也不知道。我們可以說，這兩三百年來西方文化對世界掀起了極大波動，固然有好的方面，但也有壞的方面。西方人創造的物固可愛，但西方人究是可怕。我想沒有講得太過分。

那麼中國呢？中國人在創物方面，顯然不如人，然在中國人所到之地，如說韓國、越南，是中國近鄰，三千年到今天，只能說他們受到了我們的益處，至少國沒有亡，種沒有滅，至今存在。即論近百年來我們最不像樣的時候，華僑跑到國外去，東南亞、南洋群島，乃至其他各地，我們只幫人家開發繁榮，並無像西方人般的可怕。中國人又窮又無力量，倘使還叫人可怕，跑一個出去死一個，至今還會有中國人在國外嗎？然而我們中國人還能在外面一天天地滋長，這一層，我請諸位特別注意。

西方科學該學，但不能學西方人做人。如資本主義、共產主義，從前只歐洲人講，現在黃人黑人都要學着講，下面這個世界將更不得了。或許諸位認為我話講得過份，但我說，西方文化同中國文化有不同，一面重做人，一面重創物；一面重人道，一面重物理。這裏至少有一些偏輕偏重，我想這話大體上不錯。西方人也教人做人，等於中國人也會創物，但西方人勝過我們的在創物方面；論做人，中國人還是有一套。所以說，中國文化傳統就在中國人身上。

那麼中國人怎樣教人做人呢？諸位看，其他各國都有一個宗教，如耶穌教、回教、印度教等。惟有中國，沒有自己創造的宗教。但中國雖無宗教，卻有教堂。中國每個人的家庭，便是中國人的教堂。由生到死，就在這教堂裏。中國人理想，若不能在家裏做人，便不能到家外去做人。要到家庭外邊做個人，就得在家裏先教。不能做父母，對兒女不行，怎能對其他別人。子女對父母也一樣。家庭就是個小社會，也可說是個小天下。家庭成為人群中一細胞。人與人不能成一家，還能成其他什麼呢？人群、社會，一切就要從家做起。諸位說，西方人一樣有家，這個我且得慢慢講，一口講不完許多話。至少目前的西方，快要沒有家，有些也可說已經沒有家，夫婦不成為夫婦，那還有父母子女兄弟？這且擱下不講。

諸位要知中國人的家，正是從文化大傳統裏來。上次講孔子的家，四千年到今天，孔子往下七十幾代，往上還有。最近青年戰士報，有一女記者，把中國的百家姓，做一個簡單綜合的報導。我們只看此書，就可想像到中國文化傳統裏這個家之偉大。諸位若要研究中國的家庭史，如何從古代變到今天，這是另外一套學問。我今天要講的，只說中國有一個家庭大傳統，每一個家都有一二千年以上的歷史。全部會合起來，那就是中國民族、中國人。所以我們若要改變中國，首先該打散中國人的家。這事毛澤東懂得，他要推行共產主義，第一先要把中國家庭打散。中國家庭便是共產主義一個絕大的阻力。如此說來，我可告訴諸位，中國文化大傳統在我們每一人的身上，也在我們每一人的家裏。

三

中國文化傳統，第一在我們每個中國人身上，第二在中國每一個家庭，第三是在我們的國家。大學裏講修身、齊家、治國，這是中國人做人最大理想，下面是平天下。但前面的不能講，下面也就更不用講。我們且講如何修身做一人，再講如何成一家，如何建一國。倘使我們中國人，僅能成家，不能建國，這個廣土眾民的中國，至少四千年到今天，是世界上唯一的一個可久可大的存在。試問如何會出現？

一面講，有了中國人才有中國。但反過來講，亦是有了中國才有中國人。既由中國人來創造了中國，亦由中國國家來培育發揚中國人。中國與希臘不同，希臘只有希臘人，無希臘國。也和羅馬不同，羅馬是個帝國，極少一部分是羅馬人、征服者，極大一部分是非羅馬人、被征服者。同在一個國家之內，分着兩種人。現代西方國家，就是學羅馬。如大英帝國，英倫三島是征服者，其他帝國各部分則是被征服者。我請問，漢高祖及少數豐沛人民，是不是當時的征服者？其他中國人是不是當時的被征服者？中國從來是一個「民族國家」，一個民族摶成了一個國家，一個國家裏只成一個民族，由中國人創建了中國。這種國家，乃由中國文化傳統、文化理想所產生。至於西方現代國家，如英、如法、如德，都只要做一個帝國的基礎，是一種「武力國家」。而在每一國家之內，也並不是只有一民族。直到二次大戰後，帝國主義已經失敗，而蘇維埃還要來創造赤色的帝國，這也是西方文化呀！

今天的西歐人，大敵當前，他們固是愛好自由，但他們卻不能組成一個西歐「聯合國」。不學羅馬，便學希臘。再隔幾十百年，西歐人能不能終於創造了一個西歐國呢？這話還難講。我們現在只羨慕他們，但我問，像英法般，較之我們中國，究竟那個更現代、更合理？可見文化理想不同，所產生的國家形態與組織也就不同。我想我們中國人做人，可做將來世界人一榜樣；我們的家庭，也可做將來世界家庭一榜樣；我們的國家，也可做將來世界國家一榜樣。只要中國人像樣，能起來領導世界，絕不會叫人家一個國定要變兩個，兩個國又定要變一個。即如香港，便不應該還在英國之內。英國自稱是一個民主自由的國家，但香港人不能投票，不算是英國公民，只是些被征服者，這裏也就是西方文化。

因此我講中國文化有三大傳統：一是中國人，一是中國的家，又一是中國的國。每一個中國人，在這樣的家與國之下，也就有了我們的「天下」。中國人理想中的修身、齊家、治國、平天下，一以貫之。雖不能平到中國以外全世界人類的天下，然而中國人自己的天下，也可以到達在一個理想下，而獲得其平了。

四

中國文化也曾經歷過很多摧殘，歷史上摧殘中國文化的外族的力量，較之如希臘碰到馬其頓、羅馬碰到北方蠻族，還遠更強大。羅馬只有阿爾卑斯山一條國防線，中國東北從韓國大同江，西北到蘭州黃河西岸到新疆，要比保守一條阿爾卑斯山喫力得多。我們在歷史上也有亡國的時候，可是我們的文化傳統還存在，因國亡了還有家。簡單講，唐以前中國是大家庭，宋以下是小家庭。五胡亂華一路到南北朝，北方胡族力量跑進中國，但那時中國的大門第，不僅在南方長江流域存在，即在北方黃河流域，也同樣存在。一個一個的家，那是最堅強的打不破的細胞，潛伏在那裏，屹立在那裏。慢慢到唐朝，中國復興。唐史裏有宰相世系表，就見那時朝廷每一個宰相的家庭背景都是些大世系、大門第。要到宋朝以下，中國都變成了小家庭，但中國家庭的堅強，還是不可破。蒙古人跑進中國，中國政權是亡了，但中國的社會沒有亡。社會怎麼沒有亡？因有中國式的家庭。那時人逃避異族政權，還得躲藏在家庭裏。滿洲人跑進中國，中國政權又亡了，但中國的社會仍沒有亡，因其仍有中國的家庭。在魏晉南北朝時，佛教跑進中國，中國人一面出家做和尚，但另一面還是保留着大家庭制度。這像是極端衝突，可是歷史事實如此。中國人接受了佛教，而保存家庭。今天我們說工業社會來了，我們要現代化，但難道我們就不能再保存我們的家庭嗎？

我們的家庭也非一成不變，當知文化傳統有常有變，中國文化傳統中有一個家，這是我們之「常」，但這個家也可跟着社會而「變」。我們從封建貴族時代的家，轉到門第時代的家，又轉到宋以後的家，其間變化已經很大。我們今天，則要變出一個無家庭的社會來，那眞要不得。大陸共產黨要摧殘家庭，這且不說；所怕的，現在我們有大部分青年人留學國外，再也不想回來；單留父母在此地，他們成婚成業都在外，還要主張外國理論，不僅我們的家要變，甚至於改進了外國籍，我所謂的中國人也要變。我們此刻要復興中國文化，難道是僅讀幾本論語、孟子，講幾句仁義和平，便了事呢？我們要有一個具體切實的傳統，這是我們的「人」和「家」和「國」。

我小孩時，聽人說中國社會是一盤散沙，就為各有一個家，好像要打破家庭組織，我們才能團結。但中國文化傳統理想不這樣。不能團結一個家，怎能團結一個大社會、團結一個國？今天的毛澤東，也如我小孩時所聽到的思想，認為有了家，中國就如一盤散沙。不知中國家庭並不是一粒沙，這裏面有絕大生機，這是中國文化的「生機」。

今天我們受了時代挑戰，要看我們如何來反應、來革新。革新並不是破壞，也不是丟掉。革新我們的家，但仍還要家；革新我們的國，但仍還要國。人亦然，革新我們人，仍還要是一個人。這裏自然要有變。現在我們講變則是講錯了，我們今天，是不要傳統的變。孫行者搖身七十二變，在其背後，有一個孫行者不變。他身體一搖，是在變了，這是他身體在變；若把孫行者身體扔掉，又怎麼地變？這只是一種虛無主義，把中國人扔掉，把中國家庭扔掉，現在還不敢說要把中國國家扔掉。古人說，「國於天地，必有與立」。如此之國，則又誰與立呢？

五

我且講中國文化來臺灣，二十年前，我到臺灣，就注意到臺南延平郡王祠，與嘉義吳鳳廟，這都代表着中國人和中國文化傳統來臺灣。不是說臺灣只有鄭成功和吳鳳，他兩人是賢者識其大，一般人就算不能比此兩人，也是帶着中國文化而來。諸位只一看鄭成功祠、吳鳳廟，當知這裏就有中國文化傳統，有中國文化潛力，有中國文化的新生機。一輛汽車、一架擴音機，這是物質的，並無潛力生機可言。但今天，我們中國人觀念都變了。認為鄭成功、吳鳳，都是過去人物。到了今天沒有用。我請問日本人來臺灣五十年，有沒有一個日本人的影子留在臺灣？我們臺灣人腦子裏，有沒有那日本精神的記憶呢？歐洲人來到世界各地，也是一樣，不使人發生好記憶。中國人到外國去，我曾在南洋聽到很多故事，固然不像鄭成功、吳鳳般，但亦還能保留在那裏。

我試講一件中國人到美國的故事。在南北戰爭時，美國有一位將軍，他是一獨身漢。脾氣很壞，家中工人非打即罵，一個跑了，又來一個，又跑了，後來去了一個中國山東人，不幾天，這位將軍又發脾氣，這人受不了，也跑了。忽然這位將軍家裏起火，很狼狽，這人又去了。將軍問他，你怎麼又跑來？他說：我因你打我罵我而跑，此刻你家裏起了火，我該來幫你。他說我們中國人是講忠恕之道的，我今天來，就是我們中國人的忠恕之道。這位將軍問：忠恕之道怎麼講？他說：此是我們中國孔夫子所講的道理，孔子在兩千年以前。那位將軍說：你能讀兩千年前的書，了不得。他說我不識字，這是我父親告訴我的。那麼你父親是個讀書人，還是了不得。他說：我父親也不識字，是我祖父告訴他的，我祖父也不識字，我家世代務農，都不識字，不過是曾祖父告訴祖父，祖父告訴父親，父親告訴我，知道做人總要懂得「忠恕之道」。你今天很狼狽，我從前在你這裏做過事，故來幫助你。那位將軍大為驚詫，留他在家繼續作事，一主一僕，一路下去，做了多少年。他病要死了，向將軍說：我無家無室；無親無眷，吃的住的穿的都是你供給，我積有多少錢，我死後，這錢也交還你。那人死了，那將軍想中國會有這樣的人，眞是了不得，便把他的錢加上他自己大部分產業捐給哥倫比亞大學，要他們設立一個講座，來研究中國文化。他想，中國人總該有一套花樣在裏邊。所以哥倫比亞大學到今天，仍有一個研究中國文化的講座，這是全美國第一個講中國文化的講座，他們稱之曰「丁龍講座」，丁龍即是此人之姓名。可是直到今天，他們所研究的，似乎並沒有直從丁龍為人及其所講的為人之道來研究，只是講些中國歷史、中國文學、中國哲學等。固然中國文化也在這裏邊，但那裏是每一人都要讀十三經、二十四史才能講中國文化呀！中國文化，幾千年到今天，應是眞實親切活生生而有力的，不該只向故紙堆中去找。現在我們中國人，多到國外去留學，從前只是去學科學，現在也有人去學中國文學、史學、哲學，要從他們處來認識中國文化。此是中國人已沒有了自信，把我們相傳做人的大傳統都丟了，我們都要重新做人，重新起家。立國也要照外國，不照美國，便照蘇維埃。臺灣同胞到了海外，也要講臺灣獨立，現在都要講外國道理。

六

諸位試想，我們此刻要來復興文化，所擔責任多大！然而這事情也簡單，復興中國文化這條路，還是很近。中庸上說：「道不遠人」。這一番道理，就在我們各人自己身上，而且「人能弘道，非道弘人」，我們每一人該能來復興發揚文化，文化卻不能來發揚復興我們。一部論語放在這裏，不去好好讀，論語只成為一部死書。我們大家不要孔子，孔子也還有甚麼辦法？諸位或說沒有好環境，不許我讀書，但丁龍、吳鳳，曾讀何書？中國文化大傳統，就在丁龍、吳鳳身上。我們不能做丁龍、吳鳳嗎？若使臺灣沒有一個鄭成功，沒有一個吳鳳，在此講中國文化，試問何從講起？可知中國人到那裏，那中國文化傳統也就跟着到那裏。

我又要說一句，也只有中國人，纔能來擔任弘揚中國文化，這是我們中國人的責任，也只有我們能來擔此責任。諸位不要認為研究文化是一番大理論、一項大學問，在外面東聽一點西聽一點，不如反而求諸己，只在我本人身上。當然也有很多複雜的思想和理論，乃至很多複雜的問題。但我們也可說，幸而我們少識了幾個字，少讀了幾本書，我們只是關閉在一小圈裏，我們還能認識得自己，還有一個我，還能自全自守。我們並不要做時代一大賢人，且做一不賢者。懂得一點小道理，像吳鳳、丁龍，他們都懂得不多。他們並不曾懂得修身、齊家、治國、平天下種種大知識大理論，然而中國文化之偉大，則就偉大在這裏。正因為中國文化主要講的是做人，做人得大家做，所以要無條件的做。若我說：失掉機會，沒有進大學，沒有到外國去留學，怎麼做一像樣人？諸位當知，中國人講做人是無條件的，無這許多困難。不賢者，小人物，無知無識，都能教他做個人。所以中國文化才能到今天。外國人條件多，種田得販黑奴，造路得用華工，發揚資本主義得向外開闢殖民地。到今天，條件多問題亦多，馬路、汽車、洋房一切，我們都不如人家。可是諸位不要害怕，回過頭來，先要自信，我們在做人的一點道理上，中國的還是顛撲不破。中國人所講，還是具體、親切，而簡易。從每一人的心上講起。反而求諸己，文武之道，未墜於地，在人。我們今天，還能學做孔子，至少可做一不賢的孔子，復興中國文化的大道就在此。

我今天提出「人」和「家」和「國」這三點，當然希望諸位都要從第一點「人」講起，而後講到家，我便是這一家之主。有父母，就該孝；有子女，就該慈；有夫婦，就該相親相愛。這一家之主便是我，我不是在家中作客。放大講來，一切都這樣。一切都由人，由我這一人而到家、到國、到天下。中國文化便是這麼般簡單而偉大，此層切盼諸位先自記取。

三　中國文化的變與常

一

今天講題是要在中國文化傳統裏特別提出兩個觀念來。一是「常」，一是「變」。這兩個觀念可以說是相異不同的，但實際上是合一相成的。變完成這個常；常亦是來完成這個變。沒有變，就不得常；沒有常，也不得變。任何一個文化傳統中間都應該有常、有變。變只是在常的中間變；常呢？拿這許多變合起來，就顯出一個常。

我們在第一次講到任何一個存在定有它的傳統，而文化的傳統與存在，則只是一件事。在文化存在中，尤與其他存在不同，它裏面有一個「生命的」性質。這是文化的特性。文化固不是一個生命，然而可說它是一個生命。生命沒有不變，時時在變，但生命本身則不變，變了，這生命也完了。生命之變，有其一定的限度，只是生命本身在那裏變，不能變出這個生命本身之外去。若說沒有了這個生命，那麼變也完了，也就沒有它的變。

舉一個大家易知的例，如一棵樹，是一生物，有生命，樹的生命開始就是生根，慢慢兒萌芽；但萌了芽，根還在那裏，這是從根上起變化，不是連這根都變化了。根不見了，腐爛了，那還有芽？所以根是一個常，芽是一個變，但萌了芽還要變，慢慢長成一個幹，又抽枝，幹枝也都是一個變。本來是一枝，現在變成兩枝，三枝，但根還在，幹還在，這是常。抽枝了又發葉、開花、結果，這是樹的生命之成長。一個生命，自始至終，必經過幾個階段之變，不斷地在變，這就是這一棵樹的「生命」，這個不能變，叫做「常」。

諸位只要記好這一個例，下面所講，也只是這一句話。如人，先是在母親肚裏的胞胎，慢慢兒生下一個嬰孩來，慢慢兒變成一個童子、而少年、而中年、而老年。不斷地在變，這便是某一人的生命。生命不變，這是一個常。諸位試想，我們從母親胎裏開始，到今天，豈不每一天在變，然而變中有常，這就是一個「我」，就是我這一個生命，不能變。我們不能要這棵樹變成那棵樹，不能要這個人變成那個人。倘使是棵桃樹，開花結果，依然是棵桃樹，不能要它趕快變成一棵石榴。人到老年，能趕快再變成一個小孩嗎？

文化也是條生命，也要生、老、病、死，是不是到它開花結果就完了呢？這也有此理論。世界上每個有思想的民族，特別是白皮膚的歐洲人，他們很多人就講此理論，他們覺得自己文化也快完了。如埃及、巴比侖不是完了嗎？希臘、羅馬不是完了嗎？現在的歐洲白種人，英國、法國或許也快完。

輪到美國與蘇維埃。或者又説如日本，他們也會覺得他們的生命也會到一個完的階段。這問題我今天不能講，將來還當專講一堂。在我認為，文化生命和人的生命樹的生命不同，它可以「長生不老」，可以萬歲長春。有沒有這例呢？就如我們中國。中國已是五千年到今天，但為什麼西方人對文化抱了這樣一個悲觀的態度，認為這個文化要中斷，在第一次世界大戰時，德國斯賓格勒寫了一書名西方之沒落。他所講不僅西方，連到美國，將來的美國，就等如從前的羅馬，大都市工商業，發展到極盛時會垮了。現在美國國內之變相當可怕，是否會證明斯賓格勒所講對了呢？這一層，我們不知道，我們也不在幸災樂禍希望其如此。但我可告訴諸位，西方人只愛講變，很少講常；中國人講變又講常，一切要有一「常道」，倘使我們也只是懂變，那麼這個變的前途都會要不得。

佛家講人的生命就是個「無常」，現今我活着，不曉得明天還活不活，甚至於不曉得晚上還活不活，甚至於不曉得下一分鐘還活不活，這是個無常。所以佛家看一個生命不值錢，教人不要看重這肉體的生命。耶穌教講我們的世界，至少説也是不常的，要有末日審判。但中國人沒有講這些，只要是失常或反常，我們看得是件大事。但西方人根本就不講一個常，做生意那能永遠發財，資本主義的國家豈能儘發下去，帝國主義豈能儘侵略儘擴大，共產主義又豈能儘鬥爭儘革命？他們都只是看現前一個「變」，不去看以往乃及將來一個「常」。這也不是今天開始，西方文化從頭來就是重變不重常。但中國文化終是偉大，中國人的觀念要講一個常。這不是守舊，不是頑固，因在中國人講的常裏邊就有變。「常」與「變」這兩個字，在中國人講來，講這一個字，那一個字就連着來。諸位多讀中國書，便知道這兩個觀念是連着的。但諸位多讀西洋書，便見這兩個觀念不相干。中國傳統文化之偉大就在此。

二

此刻我們暫不講常，先來講變。中國人講變，還有一字連着是「化」，合說「變化」。變之外又有化，這兩字當然不同，但我們常合起來講變化。剛才我講的是生命，現在講到自然，生命也是個自然。中國人稱自然曰「天」，最容易看的就是氣象、氣候。如天氣好壞，風、雲、晴、雨這都是天。因中國在北溫帶，中國的大陸常是一種標準性的氣候，中國人看慣了，遂在這天地大自然中，發生一個極清楚的觀念，就是我此刻所講的「變與常」。天是一常，然而又是無時無刻不變，一天到晚儘在那裏變，在那變之中，有春、夏、秋、冬四季的氣候。今試問，春天怎會變成了夏天的，夏天又怎會變成秋天，秋天又怎會變成冬天，冬天又怎會再變成春天？中國人在這裏，又講出一「化」字。暮春三月，春天快完了，即將變成首夏，但在這中間，卻是不見變，只見化，春天像是去了還未去，夏天像是來了還未來。反反覆覆，一天冷，一天暖，過了一段時候，忽然說是夏天了。夏到秋也一樣。到了盛暑，熱得不得了，新秋快來了，然而也不怎麼看得出。只見梧桐樹上一片葉子掉下，但還是夏天景致，然而秋天畢竟來了。慢慢兒又到了深秋，但還不是冬天。深秋和初冬的這個交界在那裏，很難說。到了殘冬又要來新春。你看梅花，還是開在春天的呢，還是開在冬天的？諸位只看中國人的詩，直從初春到殘冬，中間各節的景色和氣象；描寫得何等地細膩，卻又何等地清晰。但此天地之間，只有春夏秋冬，而不見顯然的變。說春天去了明天是夏天，中國人似乎最不信有這樣一個變，而中國人又絕不信天地之間可以不變。

我們愛駡自己的祖宗，說中國人不懂變，只是守舊頑固。但只是一個普通的詩人或文人，看到外面氣象變化，看得明明白白清清楚楚，而又能盡量寫下細膩到萬分。這是在變，而中國人名之曰「化」，化積了一段時間始成變。「變」只是一「空名」，「化」乃是一「實事」。千眞萬確者是化。此刻是下午，何時才變成傍晚，變都是慢慢兒來，它只是在化。化到某一個階段，我們覺得它是變了。小孩子那一天才長成大人的？各家都有小孩，天天看，今天也不覺長，明天也不覺長，可是天天在那裏長。不知不覺，潛移默化，驀地變成為大人，又驀地變成為老者。但究在那一天老了，實沒有這會事。這已潛藏在中國人心裏成為一常識，所以中國人每不着重講變，而着重講化。泡一杯茶，茶葉放了，倒下開水，也得等待一下才是茶，這裏要等它化。一杯咖啡，澆以開水，加上牛奶、糖，漸漸地調一調，才慢慢地成為一杯咖啡，不能頃刻之間說是咖啡了。你且稍等，這一個「時間性」，中國人看得最清楚最明白。所以若要講變，不該有速變、急變、劇變、突變，而必待它之化。現在我們不是既要速變，又要突變嗎？但以前中國人平常不愛講這話，中國人最愛講的是一「化」字。今天我們則只講變，不講化。

中國人講變，必以「漸」，慢慢兒的積化而成變，要變得天衣無縫，使人不覺，這叫做「自然」。老子書上開首便說：「道可道，非常道，名可名，非常名。」這是說沒有一個死的道，也沒有一個死的名。看是不變總在變。又說「飄風驟雨不終朝」。變得快，變得大，其事不可久。而且變前變後，依然一樣，等於沒有變。颱風來了，最多只是半天一天，早上來，中午沒有了；下午來，晚上沒有了。沒有一個颱風過境，能維持一兩天。若使我們在日常生活、身體方面，發生了劇變、突變、急速的變，那就要不得。日常人生也是整天在變，無時無刻不變，但中國人愛用這個「化」字，吃了一頓飯，慢慢兒不知不覺，晚上肚子又餓了，這是在消化。不消化固是病，消化得過於劇烈過快了，一樣是病。小孩子長知識，也得慢慢來。在生理心理上都有早熟，小孩忽地像個大人，也得當心。身心發育，有個常態，狀態正常不是沒有變，若此小孩是個天才，同時也是一變態。直到現在，還沒有把握如何來教導一個變態的天才兒童。中國人說「小時了了，大未必佳」。總該在常態中求進步才有辦法。

這些話，並不是一套思想或哲學，日常易知，而卻是我們中國文化的寶貴遺產。諸位拿這些話來讀老子、讀易經、讀論語，便覺得其間有大義理。其實我們也不必引經據典來講古代思想，論語、老子、易經，其間已有許多在後代社會上成了一項普通常識。「欲速則不達」、「美成在久，速成不及改」。只到我們今天，這一百年來的中國，正如生了一場大病。我們不妨叫他是「文化病」。我們今天正在一種文化病的狀態中生活。若使中國文化不生病，我們也不會在此地。

三

但這文化病究在那裏呢？我們該要請個醫生來診視，卻不能說中國文化根本要不得。我覺得身體不好，請醫生來診斷，那醫生也萬不該說我這生命根本要不得，只該診斷我的病在那裏。我們這一百年來的病究在那裏？我只能說一句，病在我們的「文化」上。文化怎麼出了病？我也只能說一句，當然或許不只這一句，但這一句話，至少可能是說中了。我們這一百年來的文化病，叫做「知變而不知化」。今天我們只講變，不講化，越變越緊張，越變越劇烈，不曉得有等待。這一杯茶，開水倒下，我們且不要立刻拿起來喝。

在我們近百年的歷史裏，諸位定知道有一位康有為。他明白地提出要速變、全變、大變。他曾寫了波蘭瓜分記、印度亡國記等書，給光緒皇帝看了，眼淚都掉下。但我敢說康有為是錯了。今天的大陸，變到這樣子，眞所謂速變、全變、大變，變得毛病百出。而印度到今天還是一個印度，波蘭到今天還是一個波蘭，如非洲等地，更不知增添了多少新國家。滅人家一個國，並不能永遠滅下去。讀歷史不能知變不知常。歷史上之常道，則只有中國人講。現在美國人要攪一套，蘇維埃也要攪一套，滿腦子外國思想的毛澤東，也要攪一套，但大體都是「知變不知常」。

一部一百年來的「中國現代史」，只是不斷地在求變，開始是變武器，創新的海陸軍，慢慢兒從軍事變到交通，裝電線、造鐵路，再變下去，就是康有為等的「變法維新」。有為之弟康廣仁，曾勸他哥哥，且把中國傳統科舉制度廢了改辦學校，直從小學、中學到大學，創出一套新的教育制度，這是國家大計，我們且儘把聰明力量放在這一項上，過十年，不一定立刻就能見大功，可是已經夠得我們化力量，不能變了一樣又一樣，儘要變。而康有為還是堅持他速變、全變、大變的主張，不肯按部就班，稍有等待。結果「戊戌政變」失敗了。接下來是「辛亥革命」，把中國自秦以下兩千年帝王傳統，一口氣盡革了。然而這是一件大事，也該經一段長時期才見後效。乃光是北洋軍閥，不數年間，洪憲稱帝，宣統復辟，一番波浪又一番，接着來的是「新文化運動」。我剛才講過，文化傳統是一常，一時提出了「非孝」、「禮教吃人」、「打倒孔家店」、「線裝書扔毛廁」、「廢止漢字」、「全盤西化」這一大套。這其間，任何一件事，也決不是三年五年、十年八年所能做得到。然而我們要一口氣，一件接一件，這件未見功效連着來那件，而文化大傳統則終於無法驟改，於是愈變愈緊，來社會革命，而共產主義昂然出頭。

講到共產主義，我們也不能專怪一個毛澤東。當時大陸青年信共產主義的不知要多少，他們總覺得要變。我們這一百年來，實在是變得太快、太大、太無餘地，急切要全體大變，宜乎變不出好花樣，只變得妖精古怪一時競起，而共產黨遂乘運而興。這是在一個反常狀態下，全國人精神都失常反常，那是一件何等可怕的事。

我試說兩件普通事，一是香港一電影女明星凌波來臺灣，簡直舉國若狂，飛機場上歡迎的羣眾，比歡迎任何一人都盛大。凌波抓到人心的在那裏？她以中國古裝黃梅調演出梁祝故事中的梁兄哥。這並不是一件了不得的事，可是在臺灣，我們只在電影中看外國故事沒看到一件中國的。只聽到外國歌，從來沒有聽到中國的。一下子來一個中國故事和中國音樂，正等於遊子回鄉，一個流浪漢，重見舊家門，說不出的開心，心花怒放。我們不斷在變，變到今天，還是變不掉我們是一個中國人，總還喜歡中國傳統。這也不是為愛國，也不是要文化復興，只是他心裏喜歡。中國電影照理自該演中國故事，為什麼定要演外國的，要學外國一套？理論上自有人會講。只是一天有一套中國電影出現在眼前，禁不住大家心裏歡喜，這只是一情感。

試再舉一例，今年的七虎少年棒球隊，跑到國外去比賽，讓我老實講一句，他們得了錦標回來，對民族、對國家、對文化，一切並沒有什麼很大的意義和影響，但是我們整個臺灣，又等於舉國若狂，事在目前，不煩多講。我們有學問的人、前進的、思想家、為舉國所敬仰的，都在告訴我們，中國人樣樣不如人，我們急得要變，要變得也像人。忽然間，我們也有一樣勝人，而且是出在我們一輩孩子身上，你看，七虎隊不是勝了外國嗎？我們人人心中覺得光榮。這和凌波唱黃梅調，我們心理覺得舒服，還是一樣。

我可以證明，中國人心理還是愛中國，這事明明白白擺在眼前。在我們內心深處，不僅愛今天的中國，還愛過去的中國，然而今天我們所要提倡的，則要把中國的都丟掉，要丟得一乾二淨；要變，要變得痛快徹底。我們走上大街小巷，大小店舖，有不少都用的外國名稱，而且許多名稱實在用得奇奇怪怪。不僅臺北市如此，連到小城市，乃至窮鄉僻壤，也有用外國名稱作店舖招牌的。好像一用外國名稱便會長身價，生意可以做得好一些，外國招牌即是一好廣告。

四

我最近曾去過一趟日本，我抽香煙，但不用打火機，身邊帶着火柴。在日本旅館，乃至飲食店，各有火柴應客，火柴匣都不同。我隨處收集，六七天內收集得不少，式樣很多。但他們的火柴盒子上所印廣告都用中國字，難得附着一兩個簡體字或和文。只有大的觀光旅舍中的火柴匣，卻全用英文字。我把我袋子裏的中國火柴盒子拿出來一比，我們的中國火柴盒子卻全是外國廣告，外國字。我們的火柴，乃至火柴匣，似乎不如他們的好，但用的是外國字外國廣告，豈不認為如此便可長身價，受人看重；若不用外國字，便易使人生疑，這火柴廠總是蹩腳不像樣。這是我們中國社會之又一番心理。

我到大阪博覽會，別的且不講，我在中國館吃飯，面前一雙筷子，用袋包着，袋和筷子背面都有一行英文廣告，說中國菜怎麼好。可是在日本來玩大阪博覽會的，百分之九十是日本人。我們要做生意，要宣傳中國菜，為何不寫日本文，卻定要寫英文？在我們中國人腦子裏，似乎只認識一個英國和美國，好像全世界也都像我們中國人般只看得起英文。到日本去做生意，為何定要用英文廣告，不怕得罪日本人嗎？那天便見很多日本人來吃飯，我想他們一看我們筷子上的英文廣告，或許會對中國影像打個折扣。

這十多年來，日本的工商業突飛猛進，日本大都市大商店的字號及其所用廣告、通知、招貼，乃至於政府機關的題署，都是中國字。偶然中間也附帶幾個日本字。乃至如火車站，以及道路上交通指示牌，一切全用漢字。只有幾家專做外國生意的大旅館，不用漢字，也沒有一個日本字，完全用英文，這乃是少數之少數。大部分我所到，至少一句話，在日本看見的漢字，不比在臺灣看見的少。漢字在日本，眞是大行其道。在日本買中國筆墨紙張乃至硯臺，中國人所謂的文房四寶，比在臺灣易於買到，而且還好些。可見我們的中國字，也並沒有妨礙了他們的工商業。

再說到博覽會，最主要的當然是日本館，門外便題着「日本館」三漢字。至於我們中國館呢？也題着「中華民國」四個中國字，但下邊便附着一行英文，好像中國字不附着英文便很難見人似的。但我去看美國館，上一行日本文，下一行英文。即此一點，我覺得西方確是比中國高明些。到日本來開館展覽，當然該把日本文寫在上面，這是國際上一種禮貌。跑進館裏去，種種廣告說明，都是一行日本文在這邊，一行英文在那邊。尊重主人，日文在上，英文在下，那是應該的。跑到英國館，根本沒寫英文，也不寫日本文，只寫「英倫」兩個中國字。英國人似乎認為日本人都識中國字，或許認為漢字便可代表日本，不煩再用和文拼音了。至於我們中國館，根本沒有日文，這也罷了，但為何定要附着英文？在我們心裹，自然是崇拜美國，崇拜英文，然而這是在日本展覽，至少該在「中華民國」四個中國字下邊題一行和文，雖不像美國館那麼有禮貌，但也總還說得過。或竟學英國館，只寫中國字，因日本人都知道中國字，不煩多寫。在博覽會裹，也有和我們中國一般的兄弟之邦，便是大韓民國。上面題的是中文，下面題的是英文，也沒有日本文。這或許韓國人心裹和日本有芥蒂。但我們似乎不必如此。這裹可以看出，在中國人心裹，總覺光寫中華民國四個中國字不夠分量，不得勁，一定要附上一行英文才像樣。我在我們的電視裹聽廣告，譬如一個藥名，中國有個翻譯名稱，但下邊定要接一句英文原名，如「阿華田」，中國人多知道，但廣告中講阿華田，中國字講完，下邊定要讀一句英文給你聽。似乎中國字不能在世界上獨立，但在中國內邊，也還不能獨立嗎？中國人為何要如此看輕中文，眞是言之可慨。

我曾在香港多年，中國人辦英文中學，眞是大行其道，中文中學則簡直不成樣子，香港人幾乎都會講英文。香港大學不必講，香港中文大學一切正式公文亦多用英文。今天的香港青年，要提倡中英文合法並用，至今未成事實，中國文為何不合法？那因香港是英國殖民地，還可說。但中華民國則也成了英文文化的殖民地，中國人心裹一面是愛中國，但一百年來的風氣，造成了今天的我們。這不能不說是一反常的病態。

我在十幾年前也曾到過日本，這一次再去，日本的工商業，確是突飛猛進，不用講了。可是他們的工商業是發展了，而他們的日本情調則依然還在。有許多街道，還如我從前到過的一樣，只不過弄得更整齊，更清潔些，但一望就知是日本街道。它們的許多街上行道樹，完全種的垂柳，這一景色，只有中國有，日本人當然是從中國學去。我很喜歡那垂柳，在中國人的文學裏，講到那垂柳的實在多，也可把來代表中國。我也曾去過美國，好容易在某一鄉間找到一池塘，池塘邊一排垂柳，我不禁要停車下來在此池塘邊一玩。別人說為什麼？我說這是中國情調呀！我到日本，可見到很多的中國情調，如日本人的園林，在美國幾處頗大的國家公園裏，日本人要求劃一塊給他們來建一個小園林。日本人化錢，美國人當然答應了。其實日本園林也是學的中國，然而今天的美國人，說到東方園林，意中就想到日本，日本便來代表了東方。又如建築，日本如今好多新蓋的房子，也多還是日本式，幸而今天我們的臺灣，經濟還沒有眞繁榮，倘使我們經濟眞繁榮了，怕會變成全體洋房，找不到我們中國式的房子，那多殺風景。

說到穿衣服，今天的日本人也都穿西裝，但是穿和服的還比中國穿長袍的多得多。日本人下圍棋，也是從中國學去的，但今天日本圍棋之盛，並不曾妨礙了日本之經濟。又如日本人講究「茶道」，也是中國學去的。到今天，日本人還在那裏講茶道，又要講「書道」。我已經講過，文房四寶乃至書道，日本也比中國講究得多。日本還有藝妓。我上一次去，這還比較少，可是政府官式請宴，依然有藝妓。這一次去，大概一流的館子都有了藝妓。一邊唱，一邊舞。他們經濟復興了，一切日本花樣也復興了。

上一次我去日本，那時覺得，日本人也並不以做一日本人為恥，而且還是帶些傲慢。他還是以日本為榮。今天的日本，更不用說，他們心裏，只要做個日本人。在小事大事上，都可看得出。我們中國人，總覺做一個中國人不是可恥，也是不光榮。像我們在此世界總是二流三流似的，不得已而為之。倘使我們能做一外國人，豈不將大以為榮。所以到了外國留學，不想回來，但留在國內的，那個敢看不起他們。入了外國籍，一樣受重視。若我對此加以批評，這只證明我之落伍與頑固。但我們決不能說中國人不愛國，決不能說中國人腦子裏沒有中國文化。愈是鄉村老百姓，愈是無知無識，愈是腦子裏忘不了一個中國。年輕人到外國去，學得新思想、新潮流，也就另有一套。我們從這一點講起，覺得我們實是變出了格去，變到我們失了常。若說日本人也有毛病，或許其毛病在其資本主義發展過速，同我們的毛病是兩樣。

我此次去日本，私人接觸很少，曾訪問了一位已經退休的教授，他曾在中國留過學。他向我說，他失敗了，他有一個兒子一個女兒，送到外國去，今天都不回來，只留老夫老妻兩人在家中。他還指着旁邊一位朋友說朋友比他自己好些，一個兒子出國，還有兩個兒子在家。我說這是你所見不廣，在我們臺灣，兒子女兒都在外國結婚出嫁，將認為是家庭之成功，那裏是失敗。至於老父母在家，老了沒有人管，這是父母心之所願，求之不得的事。從這一點上，似乎日本人比較中國人還要守舊些。

我曾稱讚他們十年來工商業之突飛猛進。這位日本退休教授說：「明治維新，實際上也可說是我們日本人的不耐煩。今天則是我們又一不耐煩。」他講得很委婉，我也沒有和他仔細談下去。我想他話中有深意。在我看，今天每一個日本人，還覺得要做一日本人。這一事，似乎我上一次去，和這一次去都一樣。至於不耐煩，似乎中國人更是不耐煩。

講到明治維新，照我上次去所知道的，變的果然多，不變的也不少，有變也有常。大的如天皇制度，小的如穿和服、下圍棋、講茶道，這種種，日本人還能不失其常。求富求強是一件事。一個日本人，本份以做一日本人為榮，這又是一件事。今天我們，變到失常、反常，甚至討厭到中國字，乃至中國人，這豈不是一項大不耐煩？我們只該講「文化」，卻不要講「文變」，文變就會出毛病。我是一個中國人，這個大本大根不該搖動。今天我們要講文化復興，只有把這根本放正，經過幾番大風大雨，吹得樹根露在外面，搖動了，快倒了，我們該把它扶正。這一百年來的歐風美雨，給我們中國四千年那棵老樹吹到這樣，我們該快扶正，不該想連根拔起，重來種一棵。待這樹根本安定，結了果，散下種，自然會再生，不能把它切掉。

五

我很想提倡，我們留學生也該多些人到日本去，又該多些人到歐洲去，歐洲是西方文化本源所在。從前日本侵略我國，我很討厭日本人，但今天我感到日本人大本未搖。麥克阿瑟在日本，限制他們使用漢字，盡量求減少，今天漢字在日本，慢慢兒愈用愈多。日本的漢字，並不妨礙了他們的工商業繁榮。在中國一百年來「速變、全變、大變」的理論有許多講不通，不如到日本去作些參考。轉益多師是吾師，不要太死心眼，儘鑽一個牛角尖。

我還記得，我第一次去日本，看到他們初獲自由後第一個全國大運動會，在開幕儀式中，有兩面大鑼導行，兩面大鑼之後又是兩盞大燈籠，這全從中國學去。我想日本之有今天，至少他們能不忘舊。就日本講日本，他們覺得日本的都好；在中國講中國，中國人則覺得中國的全要不得。雙方對比，我不知那一方更對些。且暫不講理論，且講存在於我們內心的，為何我們有「凌波迷」？為何我們有「七虎迷」？這是我們的內心眞情，只為我們急要前進，要變，使我們陷在一失常的病態下。我今天這些話，或許同諸位講，諸位還能聽得下。這是我內心之大幸。

今再說，我們要來復興發揚中國文化，當從何處着手？固然我們有種種應該變，政治、經濟，乃至很多技術理論都應該變，但也究有不該變之所在。我想在今天世界，可以做我們榜樣的，近有日本，遠有以色列。我們至少該學學他們。若定要學美國，試問我們將怎樣的學法？在這世界大動盪中間，我還是要舉上面所說那位日本教授的話，我們不要不耐煩，我們該拿出我們的眞心，不要把理論來造成許多假意。我今天就講到這裏。

四　文化傳統中的衝突與調和

一

我每一次講的題目，前後都啣接，相互會通，有其內在的關係。上一次講「文化傳統中之常與變」，今天講「文化傳統中的衝突與調和」。有了衝突，所以要變。亦可說，文化傳統中有了變，就引起衝突。衝突必該設法調和，能調和，所以得成為「常道」。也可說，文化中發生衝突，只是「一時之變」；要求調和，乃是「萬世之常」。因此今天所講，和上一次講的在同一意義裏面，不過講法不同而已。

文化是一個生命，這生命是一大生命，不如我們每一人的小生命；同時是一長生命，不如我們每一人的短生命。因此在文化傳統裏面，必然包涵着長時期和多方面的活動，因此文化定有個大體系。在此大體系中，自會不斷發生衝突，也就得不斷尋求調和。任何一個文化體系，不會沒有衝突，其所緜歷的時期太長，而中間內容又太複雜，總得要產生有衝突，而又不能老是衝突下去，又一定要得一調和，即如我們每一人短時期的小生命，都有新陳代謝，吸收排泄，滿身細胞血液，一切都在代謝中，吸收新的，就同舊的衝突。於是排出舊的，但依然還是一生命，還是這一個身體，正貴中間有調和。

全世界各民族，各體系的文化，都逃不掉此「衝突」與「調和」之兩面。把西方和中國來講，一樣都有衝突，都要調和。不過大概說來，似乎西方文化衝突性更大；而中國文化則調和力量更強。這不是說中國文化無衝突，不過沒有像西方那樣衝突之大；也不是說西方文化無調和，可是它的調和，卻沒有像中國文化那樣的強。我們從這一點，試舉出一簡單的例來講。

六十年前的西方文化，早已散播到全世界，整個世界都已在西方文化的統制下，聽它宰割。那時西方文化中的帝國主義，資本主義，殖民政策，向外發展，亡國滅種，其勢不可當。它之向外，顯有一種衝突力量，但同時亦存在其本身之內部。當時世界其他民族和國家，固然無法來對抗西方，但在西方文化內部，終是發生了衝突，於是產生出第一次世界大戰。德、奧、意在一邊，英、法、俄在一邊，你死我活，不僅是對立，而成為不可並存。雖名為世界大戰，實際只是西方文化的內部衝突。在我們覺得，此種衝突，未嘗無調和之可能，倘使他們中間能謀得一調和，沒有這一場大戰，則今天的世界，還不是仍由歐洲人一手統治嗎？然而終於發生了大戰。這場大戰以後，歐洲人有沒有覺悟呢？可說是沒有。他們還是不斷地衝突，在很短時期內再來第二次大戰。

在第二次大戰中，主要插進了一個東方的日本，日本亦因接受了西方一套帝國主義殖民政策的文化，乃也加進此衝突中，造成了第二次大戰。這兩次大戰，簡單一句話講，乃是西方文化內部自身之大衝突。第二次大戰以後，帝國主義垮了，於是有今天的聯合國。試看今天世界新興國家有多少，這都由西方文化內部發生衝突，經它吞下去的東西都吐了出來。但是今天西方文化在此兩度大衝突之後，還是不能走上調和的路。今天像英、法、德、意許多國家，都已退到較不重要的地位，而成為美、蘇對立。美、蘇還是從西方文化傳統中來。一面講「個人自由」，一面講「集體統治」，那還不是一大衝突嗎？但請問個人能不能脫離集體而存在？集體能不能沒有個人作基礎？這兩面本不該衝突，而在西方，顯然成了大衝突。今天，一面是自由，一面是極權，這世界就分站在兩面，這還是受了西方文化力量的控制，還是一個衝突性的表現。倘使這一衝突不得調和，第三次世界大戰恐怕還會來。我們現在且不講這問題。

二

試看美國和蘇維埃的內部。美國人為求宗教自由，千辛萬苦脫離了其祖國英國，而跑到美洲去，但同時他們大批販買進黑奴，這和尋求自由成為根本一衝突。美國在其文化新興下，已然自己製造起衝突，下邊就造成了南、北美戰爭。幸而沒有把美國分成兩部分，南美、北美還是共同一美國，這是林肯總統一大貢獻，但是黑奴問題則沒有解決。直到今天，美國北部華盛頓、紐約，芝加哥等大城市，到處有黑人區。可是今天的美國，不僅有黑白衝突，同時又有青年人和中老年人的年代衝突，其他又有婦女問題勞工問題等種種衝突。欲求解決此種種衝突，就該有調和，但如何般的調和，則尚未見端倪。

其次講蘇維埃，它是一個集權統治的國家，和美國不同。美國的問題多產生在個人自由上，蘇維埃有一個強有力的集權統治在上面，可是赫魯雪夫起來清算了史太林，這是翻天覆地一件大事，一個大衝突。在史太林時代，好像史太林就是蘇維埃，蘇維埃就是史太林。赫魯雪夫清算了他，又好像蘇維埃就是一個赫魯雪夫。而今天的赫魯雪夫又何在？縱說共產主義則還是共產主義，然而主義究是一個空名詞，須有代表這主義來活動的人，而在人事上，則一刀又一刀地斬斷了。在赫魯雪夫和史太林之間是斬斷的，在今天蘇維埃的統治者們和赫魯雪夫之間又是斬斷的。此下蘇維埃將如何，我們不曉得，但集權不能成傳統，新集權接不上舊集權，永不能一口氣承接下，這國家、這主義，究竟將安頓在那裏？由史太林而赫魯雪夫，而到今天，不又是一個極顯著的衝突嗎？這一衝突不能去掉，蘇維埃也決沒有前途。

當然我們不在幫他們預測下邊怎樣，可是我們有一句話可講，說西方文化的衝突性特別強，強過其他民族的文化。似乎西方文化的本質，衝突勝過了調和，應該可以調和的也變成衝突。我們只從今天的歐洲，回頭來看西方的歷史，他們不斷地發生衝突，而且都是很嚴重。如他們的中古時期，是一封建社會，亦是教會的天下。但從中古時期變到近代歐洲，這裏便有一番大衝突。最先，就是「文藝復興」。在教堂裏讀到他們古代希臘、羅馬的書，覺得人生不是只求一個靈魂而要關閉在教堂裏。他們要向外面世界有種種活動，要看重一個肉體的人生。故說「由靈返肉」。在我們講來，肉體定要有靈魂，靈魂則寄託在肉體內，不是應該調和合一的嗎？然而在西方人腦子裏，靈肉間卻起了衝突。今天的西方人，則是肉體勝過了靈魂，才有現代的帝國主義、資本主義，以及此外的一切。

因有文藝復興，而帶來了工商業革命。新都市、新工業、新商業、新機器，不斷革命，而造成了今天世界的物質文明。在先中古時期，也不是沒有人生，但主要看重在精神方面，上帝、教堂、禱告，唱讚美詩，和今天這個極端的物質文明世界中間，顯有一個大衝突。

而同時新工業則從現代科學來，現代科學和宗教間，又發生了更大的衝突。上帝創造世界，創造人類，地球為人類所居，是宇宙之中心，科學上絕不承認這些話。上帝造人，是由人犯了罪，放謫到地球上，將來待他悔過贖罪，再回到天堂。是否有此天堂，科學也不管。科學只來造物，今天什麼新東西，都由科學創造。但科學有一缺點，是它不能造人。一切東西，像是愈造愈好，愈發明愈進步，但人類自身要不要進步呢？現在有了電腦，似乎有些處比人更聰明。有種種問題，只要投進電腦，它會幫助人解決。但電腦只是一機器。慢慢科學更進步，可以造出各種機器人，幫助看門、打字種種事，但機器還是由人造，而沒有造人的機器。醫學進步了，從前人多數活到六十、七十，現在可活八

十、九十，將來可活一百、一百二十，這在科學上講，似乎很有把握；但人的壽命是長了，人的本質又如何呢？科學既不能造人，只能使人長壽多活，如此則壞人一樣受科學保護，一樣可以多活幾年。所以科學並不能來領導整個的人生。科學只是由人發明，而今天我們人就在種種衝突，種種不調和的狀態下，最嚴重的是「科學」與「宗教」的衝突。從前在宗教時代，人還能懂得謙虛，知道自己的罪過，還能懺悔，還認為上面有高過我們人的上帝。今天有了科學，要怎樣便怎樣，要上月球，便上了月球；要造機器人，也造出了機器人；要長生，也就得長生。但我們要一個不衝突的世界，要使天下太平，今天的科學還是不勝任。

美國人先有了原子彈，蘇維埃急起直追；蘇維埃先來了太空科學，美國人也急起直追。但使這個世界，都用原子彈，都能上太空，是否可使一切問題都解決了呢？我這一段話，只是講西方文化在其本質上衝突性很強，我們也不是憑空講，乃是根據歷史，把大家知道的大事件來講。

三

中古時期以前的一切，我們也不必多講。總之我們可以證明西方文化確實衝突性很強。一兩百年來，西方文化傳佈到全世界，我們中國也接受了，遂在此全世界乃至我們中國，平地添出許多衝突。

我們則就在此衝突中間過日子。專從中國講，就有兩種大衝突：

第一：是「內外」衝突。中國人都看不起內部自己，而要看重外洋。

第二：是「新舊」衝突。舊的是我們自己，新的就是外國。今天我們是看不起舊的，只要新的。

我們這一百幾十年來，就永遠在這衝突狀態之下。

我們這個社會，在這一百多年來，接受了西方文化而不斷地發生了衝突，這暫不講。更不好的，是我們認錯了，以為西方文化長處正是在能衝突，不知衝突只是西方文化中一短處。也並不是說文化中不能有衝突，但衝突總要求「調和」。而西方文化中衝突力量過強，調和力量太弱；而我們現代中國人，則似乎就要來羡慕人家這許多衝突。自己沒有衝突，要來製造衝突。即如西方有「文藝復興」，這是西方歷史在人生上一個大衝突，我們現代的學者如梁任公，便說，中國也該來一個文藝復興才好。但西方的文藝復興，是他們在中古時期的教堂內讀到古書，發現了從前的希臘、羅馬而起。中國則五千年來還是一個中國。中國講孔子，兩千五百年來還是一孔子。孔子講堯、舜、禹、湯、文、武、周公，亦已兩千五百年到今天。在中國歷史上，既無一中古時期，又到那裏去找一個文藝復興。

我們既無文藝復興，便硬要說我們只在中古時期中，又說我們仍只是一個「封建社會」，該打倒。但中國的封建是在春秋以前，秦以後中國統一，沒有封建了。孫中山先生只講過當時許多軍閥有「封建頭腦」，是說他們不懂社會已變，時代不同，而他們還想割據。中山先生只是這樣講，並沒有講中國是一個封建社會。

中國封建社會早沒有了，而還要來打倒。而且諸位看中國歷史，我們在什麼時代纔打倒了封建的呢？其實也沒有。中國的封建，在調和中而不存在。今天我們要打倒封建，兒子違抗父母，即說你是封建，這一衝突，卻深入到我們每一家庭裏。甚至我們政府來臺灣，臺灣受了日本統治五十年，當前這二十多年，重回祖國懷抱，那是何等可慶幸的事，但是我們少數臺灣青年跑到美國、日本，便來提倡臺灣獨立，這不又是在無衝突中要來製造衝突嗎？

我今天要特別提出講的，就是我們這一百年來，太過羡慕西方文化。西方文化不斷有衝突，在衝突中表現出一股力量，這個力量是可怕的。回過頭來看自己，好像無精打采，有氣無力的，怎麼老不會衝突，遂誤謂中國文化的缺點就在這裏。乃要在無衝突中製造衝突。不知中國文化之偉大處，乃在能「調和」。

一個國家、一個民族，不能老關着門，該要開門接受外面的一切。尤其是今天科學發達，我們關不起門來。目前大陸還想關門，我們並不想關門。多方文化接觸，外面新的東西進來，我們該吸收；當然有些舊的也可排斥。但在這「吸收新的」和「排斥舊的」中間，要有一「調和」。若要把全部舊的一齊排掉，這是不可能。

今天大家說，我們是工商社會了，和農業社會不同，我們的人生觀、人事活動，乃及一切理想信仰，這些都是舊的農業社會所有，現在已是新的工商社會，一切該變了。此話固亦不錯。今天科學發達，當然成了一新社會，可是諸位當知，在中國歷史上，早有工商業，不能說中國只是一農業社會。

在孔子時，他的學生子貢就曾在國際間做生意。此後有陶朱公，據說是越國大臣范蠡化名。陶朱公以後有白圭，做到魏國宰相。白圭以後有呂不韋，當時傳說秦始皇是他的兒子，他亦做到秦國宰相。但他們都是商人，可想這時的中國社會，已決不全是一農業社會。近代歐洲人，商人躍登政治舞臺，政治家退為一商人，也不過如我們戰國般。那時的中國，就已有了新工業和新商業，但在社會上並無一個新、舊衝突，正為中國人能調和，調和的工夫，做得使大家不知不覺。

如那時販鹽，是一門大生意。大家要吃鹽，而又只有沿海產鹽。山西有鹽池，四川有鹽井，那都是極小量。若使販鹽商人可以專利，便可做大資本家。又每一家庭都要使用鐵器，若使聚眾在山開鑛製鐵，行銷全國，獲得專利，也可做大資本家。但中國在漢武帝時就有「鹽鐵公賣」制度，不讓商人專利，資本主義自然就不能產生。

中國遠從漢代開始，就有了此一種新經濟政策，直到今天。所以中國並非無大工業，亦非無大商人，又非無大都市。即如揚州、廣州，歷代都是大商埠。中國的工商業發達，遠早於西方，但中國絕不產生資本主義，沒有資本家，正因為中國有一套政策。中國人並不要在農業和商業中間興起衝突，而只要一「調和」。這是中國文化絕對長處。

倘使美國人亦懂得中國歷史上這些道理，鋼鐵大王、煤油大王、鐵路大王，都可以不產生。直到今天，西方的工商業，還是永在衝突中。美國最近不又鬧經濟問題嗎？美國的經濟問題，其實還是在他們自己內部工商業間不斷有衝突。通貨膨脹有不好，生產緊縮也有不好。有些人利在此，有些人利在彼。但主要總是衝突易見，調和難求。國內如此，國際更然。

今天西方的新科學，新的工商業，跑到中國，中國社會上也便起衝突。但我們不懂有調和，認為多起衝突，便是更接近西化。

在中國本無無產有產之「階級」分別與衝突，毛澤東奪取政權，定要來劃出分別，製造衝突。自己政權不夠力量來統治，遂有所謂「一面倒」。在北平天安門上懸掛馬、恩、列、史、毛像片，這是中國歷史上前所未有之大衝突。把中國自身一刀切斷，上一截不要，把下一截接上蘇維埃。但不料蘇維埃那邊不久就起了大衝突。赫魯雪夫把史太林打倒，這卻苦了中國馬、恩、列、史、毛的新傳統，不又要改成馬、恩、列、赫、毛嗎？這事大大不成。縱使毛澤東這樣做，赫魯雪夫又被打倒，毛澤東又當怎辦？所以逼得要講「毛澤東思想」。若說他反美是應該的，因他信共產主義，美國非反不可；但還要反蘇。毛澤東為何這樣？其實毛澤東也有他不得已苦處。

一個國家、一個民族，不能把生命寄託在別人身上。別人家有變，我們不能儘跟着他變。自己應有一個「文化傳統」。出了問題，只能靠自己。我們這一百年來，只想靠鈔襲模倣西洋文化來救自己，而不幸西洋文化又是一種內部多衝突的文化，我們要鈔襲模倣它，於是在無衝突中造衝突，遂變出「毛澤東思想」，這正是一百年來我們刻意要鈔襲模倣西洋文化所得來的結果。此事若說離奇，卻極眞實。

四

今天我們正該回過頭來，從中國自己傳統中來救中國。自本自根，自力更生。外邊的不是不可要，但要來了該能加以調和。我不是說要憑着中國自己文化來排拒外面的一切，這事不可能，而且不必要。我們該把中國文化為本，吸收外面其他文化。今天他們之間正苦衝突太多太大。我們吸收外面文化，主要在能加之以調和。這一調和，則非憑自己力量不可。

你要能消化，便要自己腸胃強。現在講到了一個重要問題，即是中國文化的自己力量究竟在那裏，中國文化的眞實生命究竟在那裏？諸位此刻都愛講個人自由，大家都想學美國。但孫中山先生早就講過，「中國不是自由太少，而是自由太多。」由歐洲人來講，沒有個人自由，也就沒有歐洲文化。我們正為無條件信受了這句話，遂說中國根本無自由、無文化，遂一意模倣西歐。但我們又要反抗來自西歐方面的武力侵略、經濟侵略，於是過激地又轉到另一極端共產集體主義的一面去。但忽略了中國的文化內力，自己的生命根本究在那裏？如何把自己的來調和人家的？

即如我們中國人看重家庭，這在全世界各民族各文化體系中都沒有。講到家庭，中國人便會講到「孝」。西方耶教講「博愛」；中國墨子也講「兼愛」，孔子則講「仁」。我們只能說仁中有愛，而愛不即等於仁。韓愈說「博愛之謂仁」，但愛並不就是仁。所以論語所重只講仁，不重在講愛。仁的中間當然有愛，但這「仁」「愛」兩字應有一分別。

西方人講愛，中國人講仁，可以相通，而並不是一個。中國人說「孝弟為仁之本」，孝弟中間就有愛。孝父母，便對兄弟姊妹也有愛。中國人從「孝心」生長「仁心」，有了仁心自有愛，那能說要排斥了孝，才能完成我們的愛呢？若連父母都不愛，又眞能愛誰呢？這是中國人想法。科學則根本不管這些事。

耶穌教講博愛，說上帝愛我，我愛上帝。他講愛的眞實根本，似乎在上帝那邊。所以說，「把愛上帝的心來愛一切人類」。可見愛人類，須經過一番曲折與迂廻，並不能直接有愛。所以西方人的帝國主義、資本主義，似乎根本上同耶穌講愛有衝突，但他們不自覺。他們販賣黑奴，卻還要教黑奴來信耶穌。黑奴也信了耶穌，但直到今天，黑、白界線依然存在。西方人到東方，如印度、馬來亞、印尼、中國香港等地，都要先做了他們的殖民地，再來叫大家信耶穌。即論香港，信耶穌的不曉有多少，但英國人實際並不愛香港人。沒有了一份眞愛，耶穌教自會沒有一個基本。

西方人認眞講的，卻是男女戀愛。上帝生人，便是一男一女。男子長而願為之有室；女子長而願為之有家，男女間當然有一種愛。這一種愛，又說是要把兩個結合成一個。在戀愛時是這樣講，但到結婚後，又說結婚為戀愛之墳墓。而且既有自由結婚，又有自由離婚。自由結婚，可以上無父母；自由離婚，可以下面不要子女。於是西方家庭，遂成為一夫一婦的。但在此一夫一婦之間，又各要加上「自由」和「平等」，這終將產不出理想的家庭。因個人自由與相互平等，其間易於發生衝突。照中國人想法，一男一女，配合在一個家庭之內而成為一夫一婦。這個家，就「融化」了此一男一女；這一男一女，也就融化在此一家裏。既同在一家之內，大可不必再各爭自由與互論平等。在中國，就變成修身、齊家、治國、平天下一路貫通下去。今天我們接受了西方文化，父母之命，媒妁之言，自該有些變。但也不是接受了西方的自由結婚，便要打破中國的傳統家庭。我們能不能在這中間有一番「調和」呢？

在今天，西方盛行性解放，只有男女之愛，而並不要婚姻之結合，我們是否也該模倣呢？又將如何來求一個調和折衷之道呢？我們並不要主張復古，如說婚姻定要父母之命媒妁之言；但我們也不能定要廢古蔑古。在中國文化傳統中有一個「家庭」，結婚是成家之始。我們並不要提倡守舊，但也不要忘舊棄舊。這裏有一「分寸」很重要。中國文化本有一套調和的力量很偉大，也可說這是中國人的大聰明。但在此處又如何來運用呢？

佛教來中國，是在中國魏晉南北朝、隋唐時代，是一個大門第大家庭的時代。那時的中國人，一面信受了一個出家的宗教；而另一面又保留着一個大家庭傳統，在其間卻沒有發生衝突，這實是一大問題，值得研究。後來明末清初，耶穌教到中國，他們教士懂得天文、曆法、數學一切那時科學上的新知識，獲得中國人仰慕去信耶穌教。可是中國人，一面信耶穌，一面還要在家裏拜祖宗。遠在南北朝、隋唐時代信受佛教，也就如此。耶穌教士把此情節請示羅馬教皇，教皇下令不允許，說有了祖宗就沒有了耶穌，為此阻滯了耶穌教在中國之流行。直到近代，耶穌教始眞在中國流行，但中國人還是一半一半，有些不拜祖宗，有些還是偷偷地拜。外國教士也一眼開，一眼閉，不太嚴格去管這些。我們中國人，一面喜新，一面又戀舊。新的拿來，中國人用個方法去和舊的調和。但近代的中國人，卻不肯再在此上用工夫，定要把新的來全換卻舊的，這是近代中國一大毛病。

從前我們的家，父親、祖父、曾祖父、高祖父，多半住在一地方，墳墓祠堂也就在家的附近。到今天是不行了，我們要帶着一個家到處跑，不再老在故鄉，這是我們的新社會。可是我們總還要一個家。能不能把新社會和我們的舊家庭有一調和呢？這是我們目前一問題，每一人每一家幾乎都遇到此問題。到這裏，要把我們每一人的聰明來對付，這是一個現實問題，在這裏顯有衝突。但必然要調和，不該不講調和講打倒。

五

現在蔣公提出了「復興文化」的口號，倫理、民主、科學，是復興文化「三要素」。若說科學、民主來自外國，倫理則是中國的。這三樣東西又怎麼來調和，我們是否能保存了舊倫理而又採用了新科學？又能否在家庭中也採用民主精神？現在臺灣經濟繁榮，和一二十年前大不相同。但我要告訴諸位，「節儉」是中國一個舊美德，今天因為新的工商業新經濟，而漸漸造成了我們一種奢侈的新風氣，我們能否再把節儉舊美德保留來和新的工商業經濟配合調和呢？我十年前到日本，他們的觀光旅館，只許外國人住，日本人絕不去，他們只賺外國人的錢。今天似乎稍為不同了。但今天我們臺北市的觀光旅館，十人中卻有八九個是中國人，這不是在獎勵中國人自己化錢嗎？像此類的問題，若儘講下去，便慢慢變複雜了。可是諸位要記得，我們固然說不是要復古，但也不能把古的全滅掉；我們不能守舊，但舊的也不能一起丟。新舊、古今，該有一個調和。怎麼樣來調和？則要看我們的聰明。

在我則信中國文化是最能調和的，所以五千年到今天，中國還是個中國，愈衍愈大。中國人有一大生命、長生命；不比西方人遇有衝突不能調和，有了羅馬就沒有了希臘，沒有了羅馬纔有現代歐洲。有了英國、法國，便不能再有德國，所以要引起大戰。有了個人自由，自不能有集體統治。反之亦然。那麼將來美、蘇兩國，還是不能兼存。歐洲文化固是很可愛，但最重要的科學和宗教，又像會不能並存。我們正要把中國人向來一套善能「調和合一」的聰明和大理想，推行到世界，使歐洲文化乃及其他各民族的各種文化都不衝突，都得調和，這纔能到達中國人之所謂「世界大同」。然而我們又從何道路來達到此境界？

孫中山先生講的「三民主義」，在當時，德國希特勒是在講「民族」；英國、法國人是在講「民權」；共產主義的理論主要像是在講「民生」。中山先生卻要把當時歐洲人所講的不同政治理想，全把來滙通合一。革命也是外國花樣，這就是由這個來打倒那個。但中山先生革命成功便要講「五族共和」。今天打倒了滿洲政權，明天便要講漢、滿、蒙、回、藏一家。我們只舉近代中山先生一人來做中國代表，已夠得偉大。又如日本人無條件投降了，蔣公卻說，前面一應舊帳不再算了。中國人是有那一套，這是我們的文化傳統。若使我們每一人知有這一套，每一人都能不忘本，不忘舊，則每一人皆可在自己的環境之下，來迎合世界新環境新潮流而得其調和。最簡單地講，只要每一人的這一個家庭，仍會能保留，中國社會也自會有前途。

今天我們做父母的叫子女去到外國留學，卻說你可不再要管我，你將來學成不歸也不要緊，莫要老記着我們。這對子女固是慈，但卻不要子女能孝。如此下去，中國的舊家庭是決然會沒有的，而中國整個文化傳統也將會破壞。我想這裏面定會有一個調和之道。在這種地方，有關每一人的私人切身的，我請諸位莫要忽了。所以我今天挑個題目來講「衝突與調和」。在今天，這「調和」兩字或許很少人肯講，好像一要調和，便成為不三不四、非驢非馬、不痛不癢，總是不好。但中國文化長處卻就在這裏。我們一面固要採用西方長處，但一面也該把中國自己長處用來相調和。這是我私人想法，請諸位注意。

附錄　講辭大綱

一

文化是一大生命。

文化是一緜歷着長時期的大生命。

因此，在文化傳統中，必然會包涵着長時期之多方面。

因有此長時期之多方面，所以在文化傳統下，必然會時生衝突。

因其時生「衝突」，故亦時需「調和」。

二

就中西文化大體作一比較，似乎在西方文化中，「衝突性」更大。在中國文化中，則「調和力」更強。

若非蘊藏有甚多甚大之衝突，則在同一西方文化體系之下，不應產生了第一次大戰又接續來第二次。

在此兩次大戰爭時期，西方勢力本已宰制了全世界，在其內部發生利害衝突，宜非不可調和，而終致於不可調和，此證在其文化本質上，深具衝突性，而因以隨事而爆發。

在兩次大戰爭以後，西方文化體系下之內部衝突，依然存在，而且不斷有新衝突繼續興起。最其著者，為「集體統制」與「個人自由」之對立，而形成了美、蘇之兩壁壘。

專就美國言，昔日之販賣黑奴，即是在自身內部製造衝突。

南北戰爭後，此一潛在衝突，並未獲得解消，而至今亦仍未有解消之良方。

就今言之，黑白問題以外，又有中老年與青少年中間之年代問題。

黑白衝突與年代衝突，固可分而為二，亦可合而為一。

即論蘇維埃，在其內部，亦包藏衝突，隨時可以爆發。

即如赫魯雪夫清算史太林，而赫魯雪夫亦同樣被罷黜。罷黜赫魯雪夫的，亦不免有同樣被罷黜之危懼。

「共產主義」與夫「無產階級政權」，只是一些空洞的虛名。在此一些空洞的虛名之背後，終不免永遠有人事上之衝突與不調和。

「衝突」與「不調和」，此是西方文化大傳統。

三

就歷史上推，文藝復興之與耶穌教，見稱為「由靈返肉」。此顯是一衝突。

工業革命與耶穌教，亦可稱為是一種精神與物質之衝突。或稱入世精神與出世精神之衝突。

科學與宗教，又顯見相衝突。

科學家只管要創造新物，但不管創造人。如此刻之電腦與機器人，此是科學家所創造之人，但與宗教家心意中之所謂「人」大不同。

昔日一切由宗教領導的中古社會，變成為目前一切由工商業與科學所領導的現代社會，兩者相比，其間正見有一絕大的衝突。

四

近代的中國，則正亦落入文化衝突中。

「新、舊」衝突，「中、外」衝突，而更大謬誤，則在存心要製造衝突。

存心製造衝突者，誤認為西方文化長處，正在其多衝突；中國文化短處，則正在少衝突。故要學步西方，則莫如提倡衝突，製造衝突。

當前吾國人，總愛說，「中國需要來一個文藝復興」。但在中國，有孔子與先秦，正如西方之有希臘，而中國卻沒有像西方般的耶教與中古時期，則試問，文藝復興將從何處興起？

另有一輩人，高呼要打倒封建。但封建究在那裏？中國社會，究否該稱為封建社會？要打倒封建，等於無的放矢，僅是製造衝突。

一部中國近百年史，一部近百年來之中國維新革命、新文化運動與夫共產主義崛興史，大部分全是自造衝突，自趨破壞。

五

在異文化之接觸上，本可有排拒，有吸收。有可排拒，有不可排拒。

如工商社會之與農業社會，其在過渡中間容可有衝突，但不能有排拒。

在中國歷史上，遠在先秦戰國時期，早已由農業社會轉進到工商社會。

其時如子貢、如陶朱公、如白圭、如呂不韋，或是由一商人而躍登政治最高層，或是由政治最高層中人物來幹商業，此等已為司空見慣之事，無足驚怪。

但農業社會固不當排拒工商業方面之進展，而工商業社會，亦不能排拒農業，而使其不存在。雙方間似有衝突，而實可調和。

中國在秦漢時代，已走上了調和道路，而其調和亦大有成功。

漢武帝時代所推行之「鹽鐵政策」，即是一大顯例。

其時中國，則早已是一個工商社會，只不許有資本主義。

自此以下，工商業遞有發展，而資本主義則迄未成長。但不得稱中國乃是一封建社會，亦無需要在中國社會而來提倡農民革命。

要提倡革命，要高呼打倒，只是要模倣西方，要從無衝突中製造出衝突，遂杜撰出許多新的假名辭，不符實際，而挑動衝突。

近代中國之大病，則正在此等杜撰不符實際的假名辭而來鼓煽不必要衝突的假衝突。衝突不斷發生。但並不是在迎新的，只是在破舊的。

今天的中國，全部努力，乃在破壞舊調和，來製造新衝突。

六

中國文化傳統，經歷四千年來之不斷調和，本身內部本可無衝突。自有西方文化傳入，而此項文化，則在其本身即富衝突性。則在其傳入，必然會時有衝突，隨事而起。

但我們運用富於調和的自己文化來接受此富於衝突之外來文化，自可使衝突轉歸調和，而終達於無衝突。

衝突既是隨時而有，主要在求能調和。惟調和力量，則必起於自身之內部，當從自己傳統中求，不能向外求。

但近代國人豔羨西化，認為衝突是佳事，調和非美名，必欲製造衝突，不肯尋求調和。毛澤東初攫政權，即高呼「一面倒」，其時則有意要建立一個馬、恩、列、史、毛之新傳統。憑此新傳統，不惜向內向外，與舉世相衝突。但一旦史太林被清算，倒向的外面起了變化，內部此一傳統也就無法存在。可見憑仗外面，來向內自起衝突，此是天下最不可及之一樁大愚蠢。無奈近代中國，正在相率走此愚蠢路。

不僅毛澤東之一面倒如此，其他可資為例者尚多。

近代國人，愛呼自由，此「自由」一辭，亦是從外面拾來，作為我們向內衝突之藉口。孫中山先生早已明白指出，中國自由太多，非太少。中山先生之「辛亥革命」，乃以建立「三民主義」為目標，不以爭取自由為號召。但國人很少能在此兩者間加以區別。

又如家庭組織，乃是中國文化一大傳統，但近代國人，為要爭取自由，乃在可以無衝突之家庭中橫生衝突。

不僅在大陸中共政權下要盡力破壞家庭，即在我們這一邊，大家儘在要自由，亦不在要家庭。傳統家庭亦正在逐步破壞中。

中國家庭，主要精義在提倡「孝道」。孝中有愛，愛中有仁，故「孝弟為仁本」，此是中國文化大道生命所寄。但仁中有愛，而仁非即是愛。愛中有孝，而愛亦非即是孝。此「仁」與「愛」與「孝」之三德目，在中國傳統文化中，有極深密之探討，極精詳之發揮。各有範圍，各有分寸。亦是各有道路，各有目標。

近代國人，慕效西化，一味只知爭取自由，遂不惜提出非孝主張，但排棄了孝，豈能產生出愛？沒有了愛，又豈能產生出仁？

「仁」是人道之主。近代國人，則為要新文化，而寧陷於不人道，此之謂「無別擇」。

耶教提倡博愛，但蔑棄孝道。所謂博愛，實非有眞實根本。故帝國主義資本主義，皆連續產生於西方。與耶教教義相衝突，而西方人乃不知其衝突。

西方人高談男女戀愛，此若可與其高呼個人自由之理想相調和。但由戀愛而結為婚姻，則雙方間之個人自由，終是要打折扣。故西方人又說「結婚為戀愛之墳墓」。

故高談戀愛，而終產不出理想之家庭。

由男女戀愛而結合之家庭，終於只是一代一代切斷之小家庭；而況其一代一代中，又因不時自由離婚而生波，而短命。

由父慈子孝而結合之家庭，乃是一世代血脈相通之大家庭。

在此家庭中，一夫一婦之相愛以外，上可容父母，下可容子女，此是中國文化傳統中所有的家庭，正是尚調和不尚衝突的家庭。

目前為要新文化，大陸家庭都已破碎，而我們這邊，則也在日趨沒落中。

七

西方人言「自由」，亦兼言「平等」，但正在力求平等中，引起了近代西方社會種種衝突。

如言經濟平等，便有階級鬥爭。言男女平等，亦引起了家庭糾紛。

但自由、平等、博愛諸名辭、諸觀念，終是不可排拒，亦且可以不生衝突。

我們今天，不貴在援引此等自由、平等、博愛諸名辭、諸觀念，來向自己文化傳統起衝突；只貴在向自己文化傳統中，迎進此諸名辭、諸觀念而來「求調和」、「求融會」。

我們固不能復古，但亦不能廢古與滅古。

我們固不該守舊，但亦不能忘舊與蔑舊。

而且中國文化，自有一套最能調和之特性與特長。

從前兩晉南北朝時代，佛教傳入，但中國士族大門第依然存在，而亦不妨礙了佛教之光昌。明清之際，耶教傳入，一時中國人羣相信受，但仍欲保留自己文化中祭祀祖先之舊風。結果此等請求，為羅馬教廷所排拒，使耶教在中國之流衍，為之延遲。

今天的中國，要迎合新潮流，自是不可厚非，但亦不可而且亦不能盡量廢絕舊傳統，此中正貴能調和。

須求「中、外」調和乃及「新、舊」調和。

八

其實人生本身，即便是一衝突，正需要時時處處能有調和。

舉其最深切著明者：

首先，其「你、我」衝突。既生瑜，又生亮，你我之判，是人生自然一大衝突。

又如「死、生」衝突。既欲其生，又欲其死，死生之限，又是人生自然一大衝突。

其他文化，解決第一衝突者多賴「法律」，解決第二衝突者多賴「宗教」。

中國傳統文化中，法律宗教，皆不占重要地位。其對此人生基本衝突所在，皆有一番安帖調和之甚深美意。

中國文化傳統提倡孝德，即是一著例。

培養孝德，可使「人己」合一，亦是「天人」合一，即「自然與人文」之合一。

培養孝德，可使「死生」合一，即是「人鬼」合一，「祖先與子孫」之合一。

人生基本上兩大衝突，中國文化，則在家庭中求調和、求融解，在培養每一人之孝德上建立調解人己衝突、死生衝突之心理基礎。

但要「活孝」，不要死孝。要能「追隨潮流」之新孝，不要拘守規格之舊孝。

要「大孝」，不要小孝。要能「公之於天下」之孝，不要私之於一家之孝。

今日追隨西方潮流，要男女戀愛自由；但男女戀愛自由，也不一定同時便不能有孝。

要做一新時代新社會人物，也不一定便該要不孝。

此處正貴有調和，舊道德與文化舊傳統，不一定全不可要。

保留舊的，不必要排拒新的。迎接新的，也不必要排拒舊的。

在外一切全是新，只我此一本身乃是舊。

保留此一舊的，可憑以迎接外來一切之新。

迎接外面一切新的，亦正為要保留此一舊。

吸收外面新的來消化營養我此舊。不能不要了此舊，又誰能來吸收新？吸收了，又用來營養個什麼？

「君子無入而不自得」，自得之「自」，正是一個舊。

「反而求諸己」，此「己」也即是一舊。

「吾道一以貫之」，便是要把這一「舊」來貫通外來一切「新」。

「己欲立而立人，己欲達而達人」，要能站得起，行得通。先要有個「己」。沒有了己，誰在站，誰在行？

要求文化復興正在此，希望文化新生亦在此。

認為自己是一舊，先把來打倒，則一切完了，更無所謂新。

憑飲食來養胃腸，不是要毀棄了胃腸來求進飲食。

憑衣服來護皮膚，不是要褫剝了皮膚來求穿衣服。

目前的中國，已不是一個新舊衝突的局面了，乃是只要新，不要舊，一面倒，無衝突。

為要新的，先破壞舊的。舊的所賸無幾，而新的亦終難出現。正如胃腸健全，始能進飲食。皮膚完整，始能穿衣服。舊傳統存在，始可迎接新的。漸得調和。今日國人一意趨新，最怕言調和，更怕言守舊，始終只是個一面倒。

如何來一個「道並行而不相悖，萬物並育而不相害」？此須發展我文化傳統中「調和」之大美德與大本領。

五　文化的散播與完整

一

今天的講題是「文化的散播與完整」。我們曾講文化就等於生命，每一生命，定有一種向外「散播」的力量，也可說有一種向外散播的性格。如一樹，種子散播出去，着到泥土再生根，一棵樹可以變成幾十百棵以上的樹；草也一樣。動物如水裹的魚，天空中的鳥，其他地上的動物，都由一個母體散播開來，就有很多新生命。從母體散播而有子體。文化既然像生命，自也能散播。

講到今天世界各民族的文化，我們應該可以說，西方文化散播的力量特別大。如看我們臺北市，電燈、自來水、汽車一切，都由西方散播而來。不僅都市，甚至窮鄉僻壤。不僅臺灣，即全世界，到處是這樣。這不能不說是西方文化一種散播的力量。但我們從另一方面講，不能說今天世界全都是西方文化了。電燈、自來水、汽車之類，只是在西方文化中之一項，我們亦可稱之為「文明」。文明是物質性的，今天西方文化向世界散播，遍地皆是，也只是他們的物質文明，乃只是他們文化中間的一部分。

七十年前，我年輕時，我們中國大陸家庭婦女多在家中紡紗織布。那時還沒有電燈，夜間只點着一盞油燈，在油燈下紡織。我們所稱「男耕女織」，女的也從事家庭生產與勞作，和男人同樣盡她們一部分的責任，這也是我們自己的文化。西方開始有「工業革命」，特別從英國的紡織業開始。他們的棉布大量銷到中國。我們中國的家庭婦女就失掉了她們的一份工作。紡紗織布所得無幾，大量為西方棉布所代替。中國的家庭婦女從此就失業了，變成無事可幹。到後來，有了電燈，晚上像白天，舉室通明，那時婦女在家裏，又幹些什麼呢？直到現在，幾乎十家中至少有三四家在打麻雀牌。既屬無事可做，電燈又很亮，不覺得夜深，也不情願就此休息。尤其有了電話，又有了汽車，更方便。一通電話，就可臨時約幾家，汽車一到就上場。我請問，這樣子的電話接頭，汽車來往，在電燈光下打麻雀，是不是就是中國新文化，或說是中國文化之進步？怕我們絕不能據此說西方物質文明傳進了中國，而使中國文化進步了。實在沒有這話，這只是中國文化受了西方物質文明的一種威脅，亦可說是一種引誘，而使我們文化變質、倒退，而甚至於破壞了。這究竟是不是這樣呢？西方的物質文明傳進到中國，它有一個力量，使我們社會受到威脅受到引誘而變質。從前中國婦女都在家裏紡紗織布，有他一份家庭作業，今天變成游手好閑，沒有事就打牌。這是我姑舉一例。像此之類的尚多，不需我一件件的舉。

現在再從西方一方面講，西方人向外邊散播他們的物質文明，在他們也並不是要散播他們的一套文化。他們只是要做生意賺錢，此即所謂「資本主義」。他們要發展工商業，把一切力量向世界各處散播開去，又何嘗是要散播他們的文化？這也不需細講。

二

講到此處，就要講到我們今天講題的下邊兩字。文化有一種「完整性」，每一文化是一個整體，正像我們的生命，必有其完整性。樹上一顆種子掉下地，生一棵新的小樹，這顆種子是完整的，它是一個生命。一條魚，一肚子的魚子，固然不會全變成魚，可是每一粒魚子都有它一個生命的完整性，它該會變成一條魚。這個我們叫它「種子」。生命有種子，文化也有種子。若使西方人所散播出來的，都是他們文化的種子，它到一地，一地便會生出西方文化。今則不然。電燈、自來水、汽車一切物質文明，這只是西方文化中一些花樣，我們縱是接受到了西方文化散播出來的種種花樣，可是並沒有接觸到西方文化一顆完整的有它內在生命的「種子」。

我們所接觸到的一些物質文明，我們亦稱之為科學發明。現代一切科學發明，都從西方文化開始。花樣百出，一種種的新花樣，只是來要我們的錢。我們多接受一份新花樣，便多化一份錢，接受了他們資本主義的剝削。共產主義講資本主義剝削勞工，這在一個工廠，一個企業機構裏是這樣。又一面是帝國主義與資本主義相連結的向外一種經濟侵略。這一侵略勢力所到，這地方的經濟就受了剝削，我想這講法也不寃枉。

但一切物質文明的背後是科學，科學則是一個世界性的，沒有國家民族的界線。你能造電燈，我也該能。你能裝自來水，我也該能。至少可以說，文化有它的特殊性，而科學則是共同的，備有一種世界性。因此我們說，科學也不即是文化，乃由文化中發展出科學，科學也只是文化中間一花樣，並不代表着此一文化之完整性。如目前美蘇對立，但他們雙方都有科學。如太空科學，美國有，蘇維埃也有。但我們不能說美蘇是同一文化。今天東方的日本，工商科學突飛猛進，同美蘇差不遠，但日本有日本的文化，不能說它便是西方文化。這一分辨，是不該忽略的。

我們且不講科學內容與科學方法，只來講科學的精神。今天我們大家喜歡談科學精神，但什麼是科學精神呢？科學五花八門，範圍儘廣泛，我們從科學的發源處來看，如哥白尼發現地球繞着太陽轉，不是太陽繞地球轉，到今天已成一種常識。但在當時現代天文學剛在開始，沒有今天般種種儀器設備，他怎麼尋求到是地球繞太陽，不是太陽繞地球。而且那時西方宗教勢力極盛，地球繞太陽轉，是違背當時宗教講法的。教會要燒燬哥白尼的書，還要哥白尼當眾懺悔，說是錯了。不這樣，哥白尼就犯了人世間最大的罪惡。當時哥白尼也不得不當眾宣佈說他錯了。但他還是輕輕地說，地球還是繞着太陽轉。諸位當知，這裏才可見「科學精神」。至少是科學精神之重要一面。重要在「尋求眞理」，這是無利可圖，而又要不畏強力的。不像現在我們學一項科學，在我自己的經濟生活上可有大進款，有利可圖，便不易見精神。哥白尼只要尋求真理，既是無利可圖，而又要違逆着舉世共信上帝創世的大信仰。在這裏，才始見是一種科學精神。我們要了解科學精神，該從哥白尼的故事來想。這在現代科學最先發源時容易看得出。在我們這個世界裏，凡一切事，能從「沒有」到「有」，其間定有一種精神。大家認為太陽繞地球轉，哥白尼要說地球繞太陽轉，這正是從「無」此知識到「有」此知識，而開闢了一條新道路，打開了一個新局面。在這裏，該有一種精神，我們要講科學精神，也該從這種地方來認識。

但我們還要說明，科學精神也只是整個文化精神中一枝節。人類文化，也都是從沒有創造到有，不斷開闢新道路。如我們怎麼會有今天般的偉大的中國和中華民族，這也是從沒有到有，不斷地開闢創造而來，這中間必該有一精神。說到科學精神，也只是在文化精神之內，不能說別有一種科學精神在文化精神之外的。但它不即是文化精神，而只是文化精神中的一部分一枝節。

三

我們此下所講，要講東方文化和西方文化精神的「異、同」何在。

都能從沒有到有，都能不斷創造，是其「同」。

但同中有「異」。如我們學他們的物質文明，總嫌不夠。學他們的科學精神，也還是不夠。若說要學西方文化的整套精神那更難。因人類文化絕不是單一性的，各有自己的一套。等於我們的生命，動物植物，千奇萬態，不可能叫螞蟻變蜜蜂，也不能叫蜜蜂變螞蟻。我們要講到文化的「完整」，此問題較複雜。且試最簡單地來講，試把歷史從遠處發源地方看下。剛才我講科學精神，也就是這樣。

西方文化開始，姑從希臘講起。希臘只在一個小小的半島上，而又是幾十百個城市分立，不成一國家。他們所重要的，只是向外求取生存。如雅典亦只是一小市，要向地中海向非洲、亞洲各方面求生存，最重要的當然是做生意。所以希臘人開始就講個人自由，個人獨立。試想，一個人、一條船，遠出謀生，那是何等精神？當然一條船出海，可以有好多人，然而為要做生意，謀取生存，海角天涯到處跑，在這上，我們就可想像到他們一種個人的「自由」和「獨立」的精神。然而這種精神，到底團結不成一國家，所以希臘直到亡，還沒有成為一國家。希臘亡了有羅馬，羅馬和希臘不同。羅馬人講法治，直到今天，西方人還要講到「羅馬法」，大家團結在一個法律之下而向外征服。他們不是資本主義，而是帝國主義，所以創出了羅馬帝國。希臘、羅馬，這是西方文化兩大來源。一是個人的「自由」和「獨立」，一是向外的「征服」和「奪取」。

同時另有一種希伯來精神，這就是耶穌教精神。耶穌教起自被壓迫民族，他們講的是「平等」「博愛」。當時猶太人受盡欺侮，但只有上帝不欺侮他們。你打我這邊臉，我把那邊臉讓你打。這是一種上帝的博愛平等精神，和希臘羅馬完全不同。將來耶穌教變成為西方文化中間的一部分，他們也同有一個向外精神。佛教到中國來，沒有像耶穌教那般的傳教精神。多是我們跑去學，不是他們跑來教。印度人不像歐洲人般，一批批來中國傳教。你不信，他會千方百計，用種種方法要你信。佛教傳來並不如此，和尚蹲在深山裏，由你去拜。耶穌教不同，這是歐洲精神。

西方到了「文藝復興」以後，開始有一種新科學新的工業革命、新的企業精神。今天我們說科學精神，是一種求眞理的精神，但西方科學所求眞理只在物質上。還是太陽跟地球轉，還是地球跟太陽轉？蘋果為什麼只往下邊掉，不往上邊掉？科學精神配合上希臘的個人自由和獨立，羅馬的法治和向外征服，耶穌教的平等和博愛，共同向外發展，就成了今天的西方文化。

我們羡慕西方，要學他們，卻不是件簡單的事。試把兩千年來的西方文化分析看，希臘、羅馬、希伯來、現代科學、個人自由、平等、博愛、法律統治、向外征服，以及一切新的工商業，全把這許多配合起，西方文化是一種綜合性的、複雜的、多方面組織而成。這和我們上面所講自然生命不同。自然生命在一粒種子內；今天的西方文化，則是多種種子之化合。至少是組合的。

西方文化是一種複多的組合，亦可說，西方文化是一種多角形的發展。每一個角，有一個角的向外發展。如說宗教、科學、帝國主義、資本主義、個人主義，整個西方文化便可如此般分成多方面，而分途的發展。我們接觸到的西方人，或是宗教家，或是科學家，或是企業家，或是政治、軍事、外交、探險家等，人各一家，各向一條路發展。若從這一點來講，似乎西方文化在其完整性上是有一點問題的。

我上一堂講過「文化的衝突與調和」，說西方文化裏面有許多衝突。今天講他們多角性的發展，宗教科學，各色各樣特殊性的人物，若講得不好，即如莊子所謂「道術將為天下裂」。照理講，宗教該是一全體性的。但耶穌說過，凱撒的事由凱撒管，上帝的事由他管。因此宗教不管政治，只管上帝和天堂的事。後來歐洲人從非洲販了大批黑奴去美國，耶穌教徒並沒有反對，只來向黑奴傳教，也為他們講上帝天堂。今天的共產黨算得是忽視人性的集團了，但耶教不論這些。只要你是個人，我也該向你傳我上帝的教。中國大陸有七億人口，耶教只想跑進大陸去傳教，至於大陸之共產主義，這是政治問題。正如販黑奴是商人的事，他們的宗教家也不管。若依我們中國人想來，此中似乎有不易了解處，但此種精神則是宗教精神。耶穌又明明說過，富人入天國，像一隻駱駝鑽針孔，但今天西方資本主義盛行，耶教一樣不管。

講到科學，科學近似反宗教的，雖則他們中最高的科學家如牛頓、愛因斯坦都仍信上帝宗教，但科學理論究和宗教理論有衝突，所以到今天，科學愈進步，宗教力量愈退縮。但從另一面講，科學反對宗教，卻並未反對資本主義和帝國主義。現代科學，不啻為資本主義帝國主義虎上添翼，可見若要了解西方文化很不容易，其間很複雜。

試舉幾個最現實的眼前的例，美國政府承認我們政府，而且是友邦，但我們青年跑到美國去，美國人儘向他們講臺灣獨立。這又是個人自由，政府管不到，這也算了。又如今天乒乓外交起於美國和中共之間，出乎爾，反乎爾，西方的一套，若用我們傳統文化來相猜度，那眞不易明白。只能說他們本是一種多角形的發展。在這一角度的發展，不能用那一角度來推說。

又如原子科學，只因美國有錢，英、法、德、意人都會跑到美國去幫他們做這個發展。若蘇維埃有錢，應也會有人去幫他。論政府，英法和美蘇各各對立。論個人自由，則又和政治不相關。現在美國經濟衰落，雖還沒有到恐慌的程度，但一切緊縮，外國來的科學家，也多沒得事回去了。科學有科學上的發展，宗教有宗教上的發展，企業家有企業的發展，政治家有政治上的發展。每一人又各自有其發展。我上一堂講西方文化本身內部的衝突，已經講了很多，也只是要說明一點，即「很難抓到西方文化的完整性」。它是一個複多性的構合，是一個多角形的放射。各人有他一條路，各自無限地向前，五光十色正在此。到處衝突也在此。

四

現在說到中國文化，從頭下來，與西方文化有異。若說它長處，則顯見有一個「完整性」，而西方文化則是多方黏合。有其內在衝突，不相調和。我們且講「組織」與「自由」，此兩者間，在西方，又是一衝突。今天西方分成兩大陣容，一方是共產主義極權政治的蘇維埃，一方是資本主義個人自由的美國，這只是從大處講。講到小處，每一方之內部，還有種種的不調和。而中國文化則很重一個「完整性」。

我今天要問，中國文化的完整性究在那裏表露？我說，中國文化的完整性，正表露在我們中國人每一人的身上。中國人說「修身、齊家、治國、平天下，一以貫之」，而一切從每一人之身上開始。西方則不然，做一宗教家，該是要注重修身了，但他並不要齊家治國。科學家也有科學家們的修身，但也只要成一個科學家。發明原子彈也是科學，但不管到發明以後事。中國人又說「天下一家，中國一人」。整個中國只如一個人，整個天下則像一個家。美、蘇、英、法諸國，也只是這大家庭中一分子。我們當知，世界任何民族，並沒有如中國人這種想法。中國人似乎說，人便是文化種子，所以把一切歸結到一個人。當然這一個人是完整的。由人推及到家、國、天下，於是一個家也是一完整的，國亦是一完整的，天下還是一完整的。所以中國人能由「個人修身」講到「世界大同」，就在這道理上。

我們要能十足表現我們這一種完整性的人格的，中國人則稱之曰「士」。這在西方似乎並沒有這個字。現在我們只說士是一個知識分子，那麼如科學家、宗教家、政治家、實業家等，都是知識分子，但並不如我們原來所講的士。中國人原來這個「士」字，另外有一個講法。孔子說：「士志於道。」「道」是我們人生大道，是一個完整的。「人道」可以上通「天道」，天人合一，便合在這道上。這又是一完整的。孟子說：「士尚志。」所志即是志於道。道有窮通，孟子又說：「窮則獨善其身，達則兼善天下。」獨善其身即便是修身，兼善天下則是齊家、治國、平天下。中國古人所謂士，要能負擔着此一「文化理想」之大責任。中國自古即分士、農、工、商四民。農、工、商分負着人生「實際」工作，士則負擔着此社會人羣之所以成其為社會人羣之「理想」。由此即見中國文化傳統之完整性。宋代范仲淹為秀才時，即以天下為己任，他說：「先天下之憂而憂，後天下之樂而樂。」這亦可說是中國相傳所謂士的一種共同精神。人類社會該有一個「共同的憂樂」，但大家不去擔心到這上，大家不擔心，士先擔心到，所以能先天下之憂而憂，而又能後天下之樂而樂。這一種胸襟與抱負，只在中國文化傳統中有。明末清初，顧亭林的日知錄上又說：「有亡國，有亡天下。」亡國是政治上事，一個朝代興亡，我們個人或許管不到。天下興亡，則是指的人類文化理想，即中國人之所謂「道」而言。在此方面，匹夫匹婦有他的責任。諸位當知，這種精神則絕非科學精神，只在天地萬物上求眞；亦非宗教精神，重在出世，只管上帝的事。而中國「士」的精神，則是要入世、淑世的，亦可謂其有些像宗教精神，而對象則不同。至於此外像政治家企業家等，以及一切所謂的專家，都和中國的士有其不相同。所謂「專家」，乃是各有專門知識、專門本領，來從事他的一套專門職業，來支持各自的私生活，都非中國之所謂士。

孔子又說過一句話，不見在論語上，而見在後漢許慎的說文上，說：「推十合一為士。」一是數之始，十是數之終。就人言，一個人是人，全體人還是人。人是一完整的。個人達成其完整性，即可代表全體人類之完整性。所以個人能修身，成為完完整整的一個人，便可推而至於全世界全人類，天下太平，世界大同，還只是這一個完整。

就人之知識言，每一項知識，都該為全體人類服務，所以每一項知識，也該能得其通，能推擴出去，推擴到人類全體。在知識領域中，不妨有各項專門。而在各項專門知識上，則全該推到此共同領域。這是中國的文化精神與文化理想。當知此種精神，卻不能把西方人想法來想。照西方人想法，宗教家科學家可以各行其是，互不相通。照中國人想法，無論學什麼，先要學「為人」。學為人，要「盡人道」。所謂人道，並不是說權利義務。說我盡了一分義務，便該享一分權利。這權利義務，則分裂而為各別個人的，所以又要說自由獨立。各人可以自由獨立，而無奈這世界則太複雜了。人人爭自由獨立，人人講權利義務，到處相互衝突，終於行不通，於是又要在自由之外來講組織。所以西方文化終見其為分裂性，多衝突，而中國文化則重在「完整性」，尚「調和」。

今天我們要來講復興中國文化，我認為首先要復興我們所謂「士」的精神。我們要開出此下中國的新文化，該要開出中國的「新士」，也可說士的「新精神」，也可說是「新士的精神」。我們中國人愛講此「士」字，有男士、有女士。男的固然是個士，女的也該是個士，都要在此文化之完整性裏做一人。每一人能符合此文化完整性的觀念理想而有此抱負，纔始是一士。中國人又說文士武士。文的是一士，武的也該是一士。在軍隊中，稱士兵士卒，每一個軍人都該是個士。都該能代表着此一個文化的完整性。就其存心言，就其人生理想言，就也該先天下之憂而憂，後天下之樂而樂。天下興亡，任何一個匹夫匹婦，都該有責。都該尚志，志於道。一個當兵的，如何能來治國平天下，但不害我有其志。達則兼善天下，窮則獨善其身。每一士兵，各能獨善其身，試問此一軍隊是何等樣的軍隊？

中國是一個士、農、工、商的四民社會，在開始時，「士」在農工商之上，該能由士來領導全社會共向此一條文化大理想的路上跑。但到今天，應該是人盡為士。有農士、有商士、有工士。照中國人理想，人則都該為士。但我們今天，卻都把這一個「士」字不放在口邊，不放在心上。人人盡要做一專家。若說我是一宗教家，但我們何以不可說是一個教士呢？中國從前的宗教家也稱士，如道家稱道士，和尚稱開士。又說我是一個科學家，或是一個醫生，但我們也可稱之為科學士，或理學士、或醫士。如一個藝術家，也可稱藝士。如一個相面的，我們不也稱之為相士嗎？任何一種知識，任何一項職業，都該是一士。士則有同一理想，與同一抱負。孔子所謂「志於道」，孟子所謂「士尚志」，首先第一點該看重他的「志」與「道」。

說文上又說：「士，事也。」一個士就有一份事。我們誰不擔任着一份事？既擔任着一份事，就該成一士，就看他的志和道。士貴能推十合一，將全人類、全民族、全國家此一完整大道為我之志，為我之道，放在我的身上，放在我的心裹，修身、齊家、治國、平天下，一以貫之。大家同是一人，正貴能加上一種共同的文化陶冶，加上一種士的教育之修養。照中國人說法，堯也是個士，舜也是個士，文王也是個士，周公也是個士，孔子、孟子都是士。士可以為聖賢、為君相，聖賢君相卻不能不成為一士。不識字的人，也可以為一士。陸象山說：「使我不識一字，也將堂堂地做個人。」這人也便即是士。若在臺灣舉例，鄭成功可以算個士，吳鳳可以算個士。中國文化到臺灣，便有鄭成功、吳鳳，當然臺灣人可稱得士的絕不止鄭成功、吳鳳兩個。我們任何一人都可成一士，要使我們士的精神復活，這就是中國文化開新了。

西方文化中各種專家，都可包括在我們此一個「士」的觀念之下。我們所以吸收西方文化之所在，主要也就在此士的身上。可是諸位不要誤會，說西方沒有士。西方社會當然也有士，但總不免是「家」多「士」少。或許他們自己沒有覺察到。

五

依照上述理論，電燈到此地，就是西洋文化到此地；汽車到此地，就是西洋文化到此地，可是來的只是一枝一節。只要我們中國人到那裏，便是中國文化到那裏。因為中國文化生命則寄託在每一人身上。就歷史講，如殷末箕子去朝鮮，三國時管甯去遼東，士燮在南越，都是好例。我上一堂講到中國有一華工丁龍在紐約，也就是中國文化到了紐約。

近代西方人到一地方，輪船、大砲、銀行、教會一齊到了。中國人到什麼地方，往往只是一個窮光蛋，舖蓋都沒有，伏在船艙裏，私下跑進這地方。但中國人究能在世界各地站得起，亦並沒有害人家，只是幫着人家忙。南洋沒有中國人，也就沒有今天的南洋。這和西方人到一地方先使你當奴隸，做殖民地，這個大不相同。諸位儘可說，西方文化之強，中國文化之無用，也就在這裏，所以大家競慕西化。只可惜我們把中國文化中最精要而又是最易簡的道理全丟了。我們一意要學西方，學一個電燈匠，做一個汽車夫，也表示接受了西化。至於中國修身、齊家、治國、平天下，這一套大道理，中國古人照着這樣做，才有今天的中國。而今天我們把這一套全丟棄了，一意學別人，那不可惜嗎？若我們要回頭來抓到中國文化的根本精神所在，我請諸位先做一個士。有一鄉之士，如嘉義有吳鳳，何嘗是大官、大學者，負大名，立大業。你只要在家做孝子，在社會做一個奉公守法的公民。能擔任一件事，便是士。若能推十合一，大而能先天下之憂而憂，後天下之樂而樂。不僅關心到中國前途，並且能關心到世界前途，這便成為天下之士。一鄉之士與天下之士，同樣是一士。若果能興起中國之士道，諸位試看明天的世界。

我在此只能說，中國是中國，西方是西方，總有些不相同。中國這一套理想，極簡單、極平易，大家都能做到。我們儘可自己挺起脊樑，負起責任，縱不能做天下之士，一國之士，但亦可各做一個一鄉之士。我可以什麼都沒有，但有此一「志」，我們便能窮則獨善其身。諸位不要看輕這一點，至少在全世界，沒有第二個五千年文化到今天，沒有第二個七億人口到今天。不為中國能有此一套士的教育嗎？諸位莫認為西方人總是了不得。英國人首先第一個承認了大陸共產政權，法國人次之，現在意大利又次之。明天呀！或許美國又次之。他們自有他們的一套。我們固不該看輕他們，但這裏有文化不同。若我們要全學他們，不容易。我們這一百年來的經過，可以為證。

今天我講中國文化的完整性，講如何成一士，這是我們中國文化幾千年傳統精神所在。那是中國文化的種子，有了種子便會生根，會發芽，責任只在每一人身上。今天我們如喝醉了酒，如沉睡在床，但總該會醒回來。至少今天的西方人，也沒有一個道可以救世界。年前美國新總統尼克森，跑到世界各地去，帶着兩位太空人，並送各國兩塊月球上的泥土，表示美國人之了不得。但太空科學也並救不了美國，這裏面道理很複雜。西方文化儘有危險，危險在這多角上。多角發展愈向前，會愈遠離中心，會把中心迷失。中國文化的完整性，則是寄託在我們每一人身上。每人可以影響其他人。窮則獨善其身，先影響我自己，其次可以影響到我家，影響到我朋友。達則兼善天下，就從這裏達去。

我希望大家先立一個志，來復興中國文化。先有一責任心，「天下興亡，匹夫有責」。我想此一道理，實是偉大，而且既眞實，又省力。信不信，則在諸位。

附錄　講辭大綱

一

文化既如一生命，生命則必具散播性與完整性。

如一樹，每年播出數十百種子，成為數十百棵新樹。

禽魚動物，皆由母體播出子體。

此為生命之散播。

以近代文化言，西方文化之散播力最大。

試遊目都市，如電燈、自來水、汽車、種種一切，莫非由近代西方文化散播傳來。

即至窮鄉僻壤，近代西方文化散播痕迹，到處可見。

不僅在我國，甚至全世界，到處如此。

但不能據此即謂全世界到處皆已西方化。

換言之，西方文化並不曾隨此以俱來。

此等只是在西方文化中某幾項物質文明。

「文明」與「文化」有別。

所謂「近代西方文化之散播力」，乃係專指其「物質文明」之一項言。

二

方在七十年前，中國大陸婦女，常在夜中菜油燈下從事紡績。男耕女織，勤勞生業，正是中國文化傳統一美德。

但自西方工業革命以後，英國棉布入口，奪去了中國婦女的紡織工作，此刻中國婦女則只在電燈光下玩麻雀牌。

此非中國文化因西方物質文明之傳入而進步。

從菜油燈轉為電燈，在物質生活上，可謂是進步。

由從事紡績轉為玩麻雀牌，在精神生活上，不得謂進步。

男耕女織傳統美德之消失，乃是中國文化受了西方物質文明之威脅與壓力，引誘與麻醉，而倒退，而破壞了。

三

至於西方人向外傳播其物質文明，乃由其本身資本主義工商業的發展要求，不得不然。西方人向外傳播物質文明，並非為傳播文化。

說到此，便該說到文化之「完整性」。

凡屬生命，則必有其完整性，如一草一樹，一蟲一魚，苟有生命，其生命則必然為一完整的。散播此完整性的生命者，我們稱之為種子。

今姑說文化亦有種子。則如上舉電燈、自來水、汽車，種種一切，都只是其文化整體中所表現之一花樣，卻決不能目之為文化種子。

四

因此，獲得西方物質文明，並非即是獲得了西方文化，或說是獲得了其文化種子。

換言之，一切物質文明則都無生命性。

物質文明之傳播，並非即是文化之傳播。

中國的絲綢磁器，從古早已傳播到西方，但不得謂中國文化早已傳播到西方。在近代西方一切物質文明之背後，則莫不有一套科學發明。科學發明雖非物質，但要之不離於物質。故科學發明，必具共同性，世界性。隨於科學發明而俱見者，則為科學眞理與科學技術。一切科學眞理與科學技術，皆具「共同性」，皆易傳播。但文化則必然各有「個性」。即各自個別的「特性」。美國與蘇維埃，同樣可以發展科學，並可發展同樣的科學，但不得謂美蘇在同一文化道路上。除西方白色人種外，東方黃色人種中有日本，在今日論之，最為能習得西方科學與其物質文明者，但不得謂日本是西方文化。日本在物質文明方面，固是西方化，但就整個文化言，則日本文化自有個性，而其與西方文化間，有其甚深之距離。

五

今試從科學發明，利學眞理，與科學技術，上推到科學精神。

只有科學精神，較與其文化整體更有深密之關係，為其他文化體系急切所不易獲得。

如言科學精神，最好當從其發源處看，從其開始處看。淺言之，如哥白尼發現地球繞日，此處庶易見科學精神。一則此項發現，反於當時所共尊信之宗教傳統；又一則此項發明，絕非有利可圖；三則在彼當時之天文學上，並無甚多憑藉，可資利用，幾乎完全是一種凌空之特創。

閱至近代科學地位已代替了宗教地位，人所共尊，又有利可圖，並多憑藉，易於發展。如此則近代科學之日趨發展，亦並非即是近代科學精神之更為壯旺，與更為蓬勃。

循此更前，或許科學日益發展，而科學精神則反而日益頹喪，亦未可知。

要之，凡屬由無生有，打開新局面，創闢新道路，在其發源處，則必有一番精神存在。若在已定的局面，已有的道路中，又為其他力量所駕馭，所運使，而只在原有業績上踵事增華，此則未必見有眞精神。

而且科學精神，也只是整個文化精神下一支，非可謂文化精神只是科學精神，亦不得謂科學精神即是文化精神。

今天我們高呼科學精神者，在上述各點皆當細辨。

至於只論科學方法，不論科學精神者，則又是等而下之。當知科學方法並非一種萬靈藥膏，可以隨時隨處使用。

六

此刻當繼續討論到中西文化精神之異同點。

一、中西文化各有其個別之特性。

二、中西文化均能由無生有，各自打開新局面，闢出新道路，此其同。

試言其異，西方文化，主要乃由幾部分更端迭起的歷史積疊堆垛而來。但在務於向外以覓取生存之一節上，則可目為其文化傳統之共同精神。

如希臘精神，務於海外經商，即是一種向外覓取「生存」之精神。個人之「自由」與「獨立」，此等精神，亦相隨而起。

羅馬則為一種「征服」精神，在內為「組織」，向外為「奪取」。此乃一種「帝國」精神。但此種精神，實與希臘自由獨立精神有抵觸。

希伯來精神，即耶教精神，本為一種要求「平等」與「博愛」之精神。但在中古時期，耶教加入了西方陣容，羅馬之組織力與征服力，一轉而為耶教之向外傳教精神。但此種向外傳教精神，實亦與帝國向外征服精神有抵觸。

自西方文藝復興以後，又有一種新的工商企業精神，即資本主義的精神，茁長發旺。但此種精神，實亦與耶教精神有抵觸。

至於科學，本應是一種純粹的求眞精神。但加入在西方之整個文化體系中，則終不免要與其他各種精神相配合，相融會，而不見能保持其完全之獨立性。

由於上述，可見近代西方文化，乃由歷史上堆垛而成的一種多角形的發展。

舉其要者，有宗教，有科學，有個人主義，有帝國主義，有資本主義，有社會主義。凡其文化全體中所包有之各分支，則都成為各向一端分途發展之一尖兵。

言其文化中所孕育之人物，則亦分歧雜出。如宗教家、科學家、哲學家、文學家、企業家、政治家、軍事家、外交家、探險家等……

如是言之，西方文化，其長處乃在多采多姿，向外傳播。其短處則在相互抵觸，並不完整。

亦可說，西方文化，乃至今未形成一「完整性」。

所以同一民族，可以有許多不同的國家。

同一宗教，可以有許多不同的教會。

同一社會，可以有許多傑出不同之人物，即如上舉之各項專家。而專家與專家相互間，儘可有在基本上之矛盾與抵觸。

此等種種專家，亦可說是一種人性分裂，各向外面一個角落發展，眞如蠻之與觸，各在一角尖，能入不能出，可以相去益遠，而永不相關通。

在其中，宗教應該最富「會通性」，然而耶穌聖經已言，凱撒的事由凱撒管，上帝天堂的事由他管，則耶教初起早把此世界劃而為二了。

科學也應該富會通性，所不幸的，科學自始即與宗教背馳，有衝突。科學日興，宗教日衰。至於今日，終將見其為不兩存，而斷不能有相得益彰之期望。

更不幸的，科學迹近反宗教，卻不反帝國主義與資本主義。科學乃長為惡俗勢力所運用，其求眞精神亦黯澹而不彰。現有之科學乃僅為富強政策與功利思想作倀鬼。

要之，西方文化，向外伸張是其長，而向心凝聚無力，不見一完整性。

譬之火，不是一堆熊熊之火，乃是一支向空升射光芒四散的煙火。

中國文化，則自始便有一極堅強之「完整性」。

中國文化之完整性，表現在每一人之身上。

故曰「身、家、國、天下」。由修身以至於治國平天下，一以貫之。其本在每一人。

又曰：「中國一人，天下一家。」一個國，求其完整能如一個人；而一個天下，則可以完整如一個家。

此是中國文化之最高理想所在。

中國文化理想，主要在求完整，而能十足表現此完整性者則為「士」。

孔子曰：「推十合一為士。」此語見於說文。

數起於一，終於十。一與十皆為一完整數。能從終極完整着眼，先建一基本完整。再能從基本完整出發，到達於終極完整。能符此理想者厥為「士」。

士又為仕事者之稱。士所仕事，應以不背於人生理想之完整性為主。故曰：「士尚志。」「志」即是理想。又曰：「志於道。」「道」即是文化之大全。人能以文化之完整大全為志，為理想，此即謂之「士」。

孟子曰：「窮則獨善其身，達則兼善天下。」「善」則必是完整的，亦必是完整的始得謂之善。天下不能一時俱善俱完整，但每一人則可以獨立為善，先自成為一「完整」。在其人格上無缺陷，在其德性上無漏洞。此之謂獨善其身。如忠臣與孝子，不待要君父受其感格，彼固可以獨立自成為一忠臣一孝子。范仲淹為秀才時，以天下為己任。「先天下之憂而憂，後天下之樂而樂。」此即是士的精神，只要以天下為憂樂，即是以天下為己任。此項責任，則負在其人之內心，而不關其外職。顧亭林有言：「天下興亡，匹夫有責。」懂得以天下為己責，此匹夫即是「士」。能懂以天下為己責，亦即已盡了他的責。

所以士只有願為與不願為，更無能為與不能為。

必須人人能為士，始可把文化大全之重任，向人人身上放。

以中國人之士，較之近代西方所謂之專家，宗教家、科學家，一切專家，均不同。西方一切專家，分別在其所擔負之事業上。中國所謂士，主要在其所存主之心情上。事業必然會永遠趨向於分裂，心情則當永遠趨向於單純。把萬不同之事業，要合攏來成為一完整之全體，其事難。把單純合一之心情，由其發揮出萬異各不同之事業，則其事易。中國文化之可樂觀性正在此。中國文化，能常俱一完整性之傳統，其主要關鍵，只在有一種士的理想與士的培養。

七

此刻要復興中國文化，須待復興中國「士的精神」。要此下中國能開創新文化，須待先有「新士」。所謂士，可以有男士，有女士；有文士，有武士。各業之中，可以有各種士。如舊說有醫士，有相士、有方士、羽士、開士。今日則可以有宗教士、科學士、政治士，與工商企業士。

又可以有一鄉之士、一國之士、天下之士。

在一切人之上，再加一「士的觀念」與「士的理想」，使一切人皆成為一士。中國社會，是一個士、農、工、商的四民社會。士為其中之傑出者，由士來領導其餘的農工商各業。此下當衍為「新四民」。即在農、工、商中皆有士，一切專業皆成士。全民成一士的社會，始為中國傳統文化終極最高理想之完成。

但此刻的我們，則處處要慕效西方，人人競想成為一西方式的專家，卻忘了該做一中國傳統之所謂士。

西方各專家，如宗教家、科學家、政治家、企業家等等，追溯他們的文化歷史，無不各有其深厚的淵源，我們要半途插入，邯鄲學步，無論在精神上、腳步上，總覺得淺薄不夠勁。

要學別人，該先重新振起自己文化三千年傳統，自周公、孔子以來所提倡的士的精神與士的理想。

要救一國，須有一國之士。要救一鄉，也須有一鄉之士。

若謂復興中國文化，救了中國還要進而能救世界，則須待有天下之士。

只要有了夠理想的士，儘學別人，儘無不可。

若到舉國中無士，那時縱要學別人，亦總將會學不到。

「文化」理想，即是「人生」理想；人生理想，又即是「教育」理想。此三者實是一體相成。

今天的我們，人生理想與教育理想，已全跟了別人腳步。更何有文化理想可言？無理想，又何處去復興？

故我說，要復興中國文化，當先復興中國的士，此乃當前惟一自救之要道。要復興中國的士，則在我們各人身上，各自復興起。

六　文化的長命與短命

一

今天的講題是「文化的長命與短命」。我曾屢次提到文化就像生命。講到生命，如人有生、老、病、死。生了，慢慢兒老，中間有病到死。一切生命，都會死亡，都要寂滅。既然文化猶如一生命，那麼文化也該死滅，這是不是呢？今天我們就要討論這問題。

某種文化經過一段時期，它絕滅了，死亡了，我們稱之曰「短命文化」。有人抱「文化的短命觀」，認為每一文化都只有一段時期，經過這一段時期以後，它都該死滅。但倘使我們認為文化生命和普通生命不同，並無定要死滅的階段，這我們稱之曰「文化的長命觀」。這兩種看法，那一種更近事實？在西方，似乎對文化都抱一種短命觀。為什麼？這裏也有道理。我們只看西方的歷史，古代西方有埃及，有巴比侖，很早就開始有文化，但它們到今天都沒有了。可是埃及、巴比侖並不在歐洲。

這個文化遞傳到歐洲，有希臘，但希臘人的文化今天也滅亡了。於是又過渡到羅馬。但羅馬人的文化也寂滅死亡了，我們都可說它們是一種「短命的文化」。文化演進到某一階段，停頓下來，不再向前，到了一種死亡寂滅的情況，西方人看他們的過去歷史，使他們不得不抱一種文化短命觀。不僅從歷史看是如此，西方文化有宗教，如耶穌教，人的靈魂可以上天堂，俗世則是暫時性的，最後有末日審判，這不是對世界也抱一個短命觀嗎？人生短命，世界短命，在此世界中人類所擁有之文化，那得長命。

中國有印度傳來的佛教，他們說人生是在無盡輪迴中，死了再來，來了再死，人生就在這一無窮苦海中頭出頭沒。若得一天涅槃，超出輪迴，那就是生命之解脫。這也是一個生命根本該要斷滅的觀念。生命該斷滅，文化自可不論。

說到今天的科學，科學家希望人能活到兩百歲，如此而止。若論整個人類，依照生物學講法，某一種生物進化到某一階段，也會不能再進化。或者某一部分進化得太過份了，這種生物也會斷滅。在人類以前，先有別種生物稱霸一世，然而發展到某一階段，不能再發展，整個的種斷滅了。如論人，腦子長得太過份，妨礙了他整個身體，那麼將來人類稱霸於世的時期也要過去，說不定再來另一種新生物代人類稱霸於斯世。

我們再講哲學，西方哲學家，似乎也抱同樣相似的觀念。如德國哲學家黑格爾講歷史哲學，他說人類文化一如太陽從東邊起，跑向西邊。所以世界人類文化最先開始在中國，慢慢兒往西跑到印度，再向西到歐洲，最後到他們日耳曼民族，這是人類文化到了最高境界。此說幼稚得可笑。試問人類文化演進那有如此般簡單，而且人類文化到了日耳曼民族手裏便無下文了，豈不變成有頭沒有尾。黑格爾之後有馬克斯，他講一種「唯物史觀」，他說人類社會從奴隸社會跑進封建社會，又跑進資本主義的社會，再跑進共產主義無產階級專政的社會。但到了此後又如何？這一層，馬克斯沒有講，直到今天的共產黨，都沒有講。這似乎是人類社會的最後一階段，到了共產主義的社會便停止了。這也不免是一種文化斷滅的看法。

第一次世界大戰時，德國有一人名斯賓格勒，寫了一本書名西方之沒落。此書在當時西方很受感動。他的說法，比馬克斯所講比較合乎歷史。他說文化越演進，一切生產工商業便越集中，形成為大都市。大都市發展到了某一階段，不能再發展，便會沒落毀滅。大都市沒落毀滅，就是這一個文化的沒落與毀滅。文化定會在物質生產工商業方面不斷地演進，不斷地集中，而完成大都市。從前羅馬帝國就是這樣，將來的歐洲，也仍將蹈古羅馬的覆轍。這書寫在第一次世界大戰時，到了第二次世界大戰以來，至少證明了他書裏所講的一部分。如像英國法國，這是代表近代西方文化的。在第一次世界大戰以前，不僅英國人法國人沒有想到，其他全世界人也沒有想到，好像太陽升在天中，沒有料到它會向西沒落。此一淺顯之例，中國古人是早講過的，但在那時候誰也不敢講。若你說英國法國也會衰下去，這話豈不給人家笑。那時的英國法國，正是如日中天，可是今天呢？我們也可說，他們已到了文化沒落的階段。他們的明天，絕不能再恢復到昨天。

最近在新加坡開一從前大英帝國所轄的現在的聯邦會議，共到了三十一個國家。從前英國國旗看不見太陽沒落，但在最近這個會議中，英國首相說，總不能把我們趕出聯邦會議吧！當然英國不會被趕出這個聯邦會議之外，然而大英帝國則畢竟沒落了，不僅如此，英國的英鎊也不斷貶值，他們的工商業，也遠非以前之比。

於是大家說西方文化已到了美洲去，但今天諸位看美國，看它的經濟，通貨膨脹，工資提高，生產減縮。美元價値也發生了動搖。看他們的教育，到處鬧學潮。講到社會，年輕的嬉痞滿地跑。美國也是如日中天，正在那裏要轉變，不過一條新路還未呈現。說到軍隊，海、陸、空三軍，全國的大力量放在南越，打不了一個北越，停戰聲，撤軍聲，吹得震天響。還有軍風紀問題。甚至徵兵制度，也將不能再維持。這是當前共見共聞的事實。

在我年輕時，就聽很多老先生們講，中國不長進，軍隊還用募兵制，那能如西方般徵兵的合理。我當時是一小孩子，也就覺得外國件件是，中國件件不是。不想今天的美國，卻要學我小孩子時不合理的中國，豈不要給那時我們一輩年齡大的中國人所罵。別的不講，那時中國人抽大煙，我有一位小學裏的先生，到了雲南去，在軍隊裏做事，他回來說，雲南的軍隊，皮鞋筒子裏都藏的是鴉片，在路上歇息，便可拿出來抽，抽了再跑。但不料到了現在，美國在越南的軍隊，據報載，有百分之四十，吸毒抽大麻，豈不和當時我們中國雲南軍隊相伯仲。

其他問題，講不勝講，且講汽車。美國汽車實在多，汽車放出的煙，使整個紐約乃及其他大都市，發生了空氣污染問題。又如工廠裏，放水到海裏，海水也污染了，魚類大批死亡，天地間眞如沒有一塊乾淨土。西方文化進到今天，非退即轉，正如斯賓格勒講的話，一點也不錯。大都市到了這樣不可能再進步。我們近鄰日本的東京，也在鬧都市污染。自由資本主義社會的文化是如此，共產集權主義社會的文化，我們且不論。

今所要問的，今天西方文化是否如斯賓格勒所稱，已在一個沒落階段中呢？他們此下還是退，還是轉，但總得要變。究將變出一個什麼樣子來？我們不知道。可是希臘會變成羅馬，羅馬會變成中古時代，中古時代會變出現代國家，當然下邊亦會變出新樣子。只我們不要認爲西方文化永遠是塊黃金，黃金有時也會落價，不值錢。西方人要講文化短命，也自有道理。只我們把西方歷史，西方現狀合來看，那是千眞萬確的。

二

可是我們中國呢？遠從黃帝、堯、禹、湯、文、武、周公、孔子一路到今天五千年，只有越來越大。我小孩時，正是清朝末年，大家說中國要瓜分了，要亡國了。要做印度、波蘭了，而且也會要滅種了。種種悲觀論調，不斷進入我幼年的耳中。直到今天的中國，似乎還不如我小孩時的中國。今天的大陸，比清代末年不知差多少。然而第一個首先欺侮中國的是英國人，第一個首先承認大陸共黨的也就是英國人。蘇維埃該是我們大陸共黨的老大哥，然而今天的蘇維埃，反要擔一番心怕大陸。美國是今天自由世界的領導者，今天美國唯恐不能獲得大陸共黨笑顏。從前是英國人販鴉片來中國，今天是大陸共黨販大麻毒物進入英國與美國。我想今天大陸共黨之不合理，可以不必講。然而說從此中國再沒有前途，定要毀滅了，至少在我們中國人心理上沒有人這樣想。何以悲觀的正是西方人，樂觀的反而是中國人，在我一生中，經歷此一大轉變，豈不值得我們思考？

我曾在大陸大學中教書，當時有好幾位教歷史的先生們，都是外國留學，追隨着外國人的理論來講中國歷史。說中國文化早完了，早已斷滅了。在什麼時候斷滅的呢？那還沒有共同的意見。有人說在秦代開始，中國文化已經完了。把戰國比希臘，到秦代，則如希臘已亡。有人說中國文化之完在五代。把漢唐比羅馬帝國。但我實在看不出中國文化已完之事實，我們還不是一個大傳統直到今天嗎？

在我想，中國文化實是一個長壽的文化。如人一般，七十、八十，還像一年輕人。要講文化長命，正好舉中國為例。這裏面有文化類型之不同。怎麼叫文化類型呢？我姑舉人生類型來講。中國和西方，我認為可分兩個人生類型。人的生命也有兩方面。一是物質的，就是人的身體。「物質生命」當然要毀滅，生、老、病、死，將來科學再發達，還是不能破除，不能避免。人生還有心的一面精神方面的。這一方面的生命，則可以不毀滅。而文化則是一種「精神生命」。所以可以持久，可以不毀滅，可以有長命。當然中國和西方，同樣有物質生命，也同樣有精神生命。我並不是說西方人沒有精神生命。但論雙方的文化類型，則中國文化更可以長命。何以故？

我想，每一人生應有兩大理想。一是要滿足，而這個滿足最好是一個「當下的滿足」。如諸位在此聽講，若同時覺得所聽滿好，沒有缺憾，這即是一個當下的滿足。人生不能老在一個不滿足的狀態下過。但獲得滿足不能便完了。因此人生還要有一個「無窮的希望」，不僅是只要一個現在，還得永遠要一個將來。現在要能使我滿足，將來要能使我有希望。倘使我現在不滿足，這是我人生的苦痛。但只有了滿足而無希望，那就有了今天沒有明天，這還是一個空虛。翻過來講，當下既不能滿足，希望又不是無窮，這樣子的人生，便是一個苦痛的人生。要求當下滿足，這是我們的現實。還要有一個無窮的希望，這是我們的理想。我們要既現實又理想，亦理想亦現實。若只有現實而無理想，固是要不得。但只有理想而無現實，也是要不得。

諸位或許會想我此所說，是一句極平淡或極空虛的話。但我們要在這番話裏，把自己，把別人，把大的歷史拿來看，是不是我們都在要求這兩個東西呢？一是要使我滿足，而且要現實的當下就滿足。一是要讓我有希望，還要是一個無窮的希望。這個希望須要使我當下即滿足，永遠滿足，而又永遠不滿足，於是人生纔圓滿而又無休止；無休止而又永遠得滿足。人生就在這裏，踏上了一個最高的境界。西方文化則比較偏重在物質方面發展，而在物質方面，則不能有一個無窮的希望。

三

我告訴諸位，凡屬物質上的一切建設，總有個「限制」。到了這裏，不能再往前。像如古代埃及的金字塔，可算是偉大了，然而金字塔的建造必有一限度，不能儘往前。又如羅馬的鬥獸場，造到這樣子，也就不能再進步。又如中古時期的大教堂，固是偉大，然而亦有一限制，不能儘無窮的求更偉大。再如今天西方大都市，摩天大廈的建造也有一限制，今天報載纽約又要有一個新的摩大大廈，比舊的又要高出多少層，可是這裏仍必還有一限制，不可能永遠儘向前。如交通，馬路儘寬也有限，汽車再多便不能跑，又使空氣起了污染問題。美國的紐約，日本的東京，似乎已不再能更進展。新都市可以超出於舊都市，但過一時期便限制不能再向前。這裏可見物質建設則必是短命的。

而且物質建設，回頭來會損害人生。即如美國，因於汽車太多，而損害了美國的人生。報載有一次某大學學生集會，把一輛汽車放在廣場，拿來埋了。說我們美國人就受了這東西的害。這話對不對呢？我們今天固是未到此限度，還嫌汽車少，而今天的美國已是超過了這限度，嫌汽車多。舉此一例，可以想像物質文明定有一個天然的限度。

而又且少數人的方便，可以引起多數人的不方便。一輛汽車在街上跑，有汽車的固是方便，沒有汽車的卻覺得一不方便。西方人提倡自由，可是少數人的自由，也可破壞毀滅了多數人自由。大英帝國是自由了，它的殖民地遍於天下，豈不是由他們的自由來造成了遍天下別人家的不自由，而毀滅了遍天下別人家的自由。我們今天看西方文化，只看見他們之爭取自由，卻沒有看他們之毀滅人家的自由。從前英國紡織業革命，他們的紡織品銷行到全中國，使中國人大家失業。今天香港和臺灣，紡織業興起了，他們卻說，我們的紡織業會損害到他們。從前英國棉紗棉布為要銷行全中國，他們把中國的海關控制了，只得讓他們銷。今天臺灣香港的紡織物要銷到英國美國，他們不許，說你們工價太便宜，不能來和我們自由競爭。這裏可見，所謂「自由資本主義」之本身內部就存在着一不自由。

工商業的人生，我們也可說它是一個「比賽」的人生，他們則稱之曰「競爭」。競爭就是比賽，比賽就如賭博。可是賭博決不是人生的理想。比賽亦然。比賽中只是一個人的勝利，兩個三個乃至於十百千個人的失敗。勝利者總是少數。如看運動會，第一名只是一個，第二第三也是一個，稱為冠軍、亞軍、季軍，再有第四名一個殿軍，完了，其他則都是失敗者。由於多數的失敗來造成少數的成功。少數的成功與勝利放在多數失敗者之上面。這是我們人生的理想嗎？

又如電影明星，名字傳到整個世界，進款不必談，但從事於電影的，究能有幾人成明星呢？而且做明星，也得拿他生命中別的東西去換。如看西方電影女明星，沒有一個可說是家庭圓滿。我們香港的電影女明星，自殺之多，多過了西方的。我們明星之勝利比不上他們，而自殺則他們比不上我們。這又為何？這裏也就有東西文化類型不同之存在。這層我不想細講，由諸位自去思量。

我只認為在這方面，我們不必多提倡，應使它有一個自然的限制，不能儘希望叫我們每一個女孩來做一個電影女明星。也如不能叫我們每一個青年來做一個運動員。做運動員是可以的，但不能希望每一人做一個勝利者。且看我們的紀政，今天是全世界一位最傑出優秀的田徑女明星。可是我們也得設身處地為紀政着想，紀政本是我們一個山地姑娘，她若平平凡凡地過她的一生，也可得到她的滿足。今天卻反而平添了她許多內心的苦痛。如她的婚姻，她的國籍。我們儘希望她為我們爭面子，拿金牌。要她愛國，希望她還做一個中國人。然而有其他種種條件，或許會增添她內心的苦痛。我們得原諒她。我們更不能叫每一個家庭子女都學做紀政，這是不可能的。她把她的全人生投入了一種比賽的人生了。我們不好多用此比賽二字，而要改用運動二字，如此較心安。但做運動員必要競爭，這亦是一事實。

今天這個世界，指導大權究竟在美國人手裏，還是在蘇維埃手裏呢？那就也要比賽。你有原子彈，核子武器，我也有。究是誰勝誰敗？則誰也不知，最後只有取決於一個不可知的命運比賽。然而在這個比賽下，可能要犧牲全世界，或說世界上半數以上人類的生命。此不過舉軍事作例，商業何嘗不如此？政治何嘗不如此？這是人生一類型。

四

今天世界人類大家羨慕西洋文化，希臘人開運動會，有人拿着一把火跑，此刻全世界學此儀式，視若神聖。但試問：人生意義是不是在這個上？運動應該為着健康，不是要比賽。比賽只應附屬於運動中，多此一花樣，姑作遊戲，但不該太重視。今天運動員比賽，最高也不過拿一塊金牌，這還好，因其只是一種榮譽。若至拳擊等，乃有種種經濟上的實際利益放在裏邊。把我們中國人的人生觀來批評，就未免等而下之。若至於在整個人生中的比賽趣味太濃，而近於賭博，那就更要不得。中國古人說：「君子無所爭」，從來就看不起這個「爭」字。似乎西方人總愛得頭獎。中國人一本和平，不和人比高下，而且又寧願自己退後。若我們把此再進一步講，西方人看重的是「事業」。電影明星，也是一事業，運動員也是一事業。大企業家如煤油大王、鐵路大王、汽車大王等，都是一番事業。中國人更重視的乃在「性情」上。就軍人講，一將功成萬骨枯，中國人造字，「止戈」為「武」，乃是不得已而用之。若僅懂得殺伐戰勝，則不免為人鄙視。又說：兩軍相交，哀者勝矣，所注重的也仍在性情。

中國人常稱「自得」，自得則在內面性情上，不在外面事業上。而且自得無所謂失敗。若我們今天立一志，每天早起要上體育場跑十圈，今天跑，明天跑。一二十年亦如此，此為自得。卻不是要同人家比，拿金牌。又如拳技，中國人也看重，但擺擂臺，做好漢，則是江湖，為人看不起。諸位當知，事業有限，也不能永遠使你滿足。名、利、權、位，都有限止，再向前是苦痛，回頭來是空虛。講「性情」，則可以當下滿足，還可以永遠希望。諸位不要認為道德是由我們聖人定下標準，叫我們去照樣做。「道德」乃是人類性情自愛如此。

中國人講「孝」，也不是認為孝是一番事業，而乃是一種「性情」。子女對父母自然應有。我們的聖人，只為了解到人類這番性情，所以說你該孝你的父母，不是說有一個道德在那裏強要你如此，乃是你自己性情自要如此。你心上覺得如此纔滿足，不如此總覺是一個遺憾。要孝，當然當下便可孝，當下便可得滿足。無可比，也無所爭。家裏有兄弟姐妹，我孝，並不要和他們比，說我是大孝子，誰也不如我，我該得冠軍。凡中國人所提倡，都是最平等，大家可能，屬於各人自己的天性。要能「盡己心」、「盡己性」，當下得滿足，而且永遠可如此。孝乃「人性所同」，我孝可使任何人都能孝。把這孝心感染到別人家，而使孝道昌明。所以說「孝子不匱，永錫爾類」。老子也說：「既以與人己愈有，既以為人己愈多。」我給了人家，我更多了些；我是為的人，但我更有些。孝是為我父母，而我自己卻稱心滿意。在物質上不這樣，給了別人我就沒有。在世界大戰以後，歐洲經濟破產。美國人大量借錢給英、法、德、意諸國，又還借給東方人，大家有了錢，再可做生意，仍然賺回去。然而這是物質上的。不像我們要講性情。合乎性情，當然是道德，道德不是由人定出，乃是人類自己有之。如說：「天之道，利而不害。」天道只給你利，沒有給你害。人在此天地大道之下，我害你，你害我，這是人在自作孽。天生了人，又生蚊子蒼蠅。上帝有好生之德，可是蚊子蒼蠅來害人，那是蚊子蒼蠅的事。照中國人講法，好生是人與萬物之性情，但好生並不定要好爭。從此講下，是中國的文化類型。

中國人不看重在外面事業上，而看重在內面的性情上。若使諸位講人生，儘講事業，須知事業沒有限止，因此也不能有滿足。造一個金字塔，蓋一個摩天大廈，都有限止，這不能使人滿足；僅反使人不滿足。到那時，內心不夠再刺激，便將廢然不知所從事。今天的世界，只是一個刺激人的世界。刺激人，引起人向前，到某一階段，沒有刺激，不能向前了。如抽煙、喝酒，僅有一個刺激的作用。若我們能看重自己性情，君子無入而不自得。所得非名非利，非權非位。不在事業上。事業並要碰機會，機會碰不到，也無事業可言。而且事業從另一面講，則必然有限止的。

如舉軍人為例，像岳飛，他要為宋朝直搗黃龍府，然而碰到宋高宗、秦檜，機會不湊合，十二金牌召回，最後還得一死。事業是失敗了，然而我們不能認為岳飛是一個失敗人物，或說失敗的英雄。又如文天祥、史可法皆是。軍人中有衛青、霍去病，有郭子儀、李光弼，富貴功名，事業成功，亦為國家民族盡了責任。為什麼我們不提倡衛、霍、郭、李，偏要提倡關羽、岳飛、文天祥、史可法？難道人生不要成功，轉要失敗嗎？這決不是。因事業成功不能提倡，還有外邊其他條件。若使我們提倡衛、霍，提倡郭、李，外面條件不許可，還是枉然。而關、岳、文、史，各已在他們的性情上，獲得了滿足。懂得如此，可使人無往而不得其滿足，所以該提倡。

五

我們來到臺灣已過二十年，反攻機會未到來，軍人們也只有退役做一個老百姓，反攻大業就不屬於他們。所以我們不該專拿事業來鼓勵人。只有中國文化，點醒人們要更看重「性情」。忠孝是在性情上講。我在這軍隊裏十年二十年，克勤克儉，辛苦備嘗，今天我退休，仰不愧於天，俯不怍於地。既無對不起國家民族，便覺心安理得。把事業心解淡，才能看到人之內心深處。這是我們中國人所講。外國人在此方面看得較簡單，哲學最不肯講感情，定要講理智。試問那有蔑棄性情的理智？科學定要講客觀。試問客觀人類，能否否認了性情？中國人講性情，卻是一個「天人合一」。天命之為性，率性之為道。此是人生「大道」。

自由資本和共產，同樣只看重在物質與事業上，既具體，又可把數字來計算。但一面要個人自由，另一面要集體合作，豈不成了對立。實際上，若你在資本主義社會中做一勞工，儻要要求加薪，只有加入工會來罷工。英國、美國都一樣，最講個人自由主義的社會，卻最盛行集體罷工。共產政府講集體主義，又不許有集體罷工。說來兩面都可笑。但像今天的波蘭，還是要罷工，可見西方文化有一個共同毛病在裏面。我常說：資本主義打不倒共產主義，因共產主義就生在資本主義的裏邊。蟲生於木，木不能尅蟲。有一天，能推翻共產主義，也就同時推翻了資本主義。這便需要中國文化。正為中國文化看重性情，不儘在外面物質上計算，不儘在外面事業上衡量。只可惜此「性情」二字，同我們中國人講容易懂，同外國人講，似乎他們不容易懂。若講性，他們就說性是人的本能。若講情，則最代表情的就是戀愛，這就無法講了。

我們的文化傳統，注意向內看重性情，要求「自得」。我請問：有什麼條件能限止我不忠？有什麼條件能限止我不孝？因忠孝是我性情，在我心上，我心已盡，得之在己。既不要條件，也不論成敗。若講自由，惟此最自由；若講平等，惟此最平等，講獨立，亦惟此最獨立。在中國歷史上，歷古聖哲大賢卻不把自由、平等、獨立這幾個字來教訓人，正為有更高更深一層的教訓在。現在我們則接受了西方人的事業觀，接受了他們的競爭觀，又加上自由、平等、獨立這許多字眼，許多呼號，我們儘跟着西方走上了一個不安的社會。若要世界大同，那能大同在一個不安上。所能大同者，還是忠孝性情這一套。只要有人類，中國人這一套道理也總會存在。這番道理，可以使我們當下滿足，又可使我們有無窮的希望。這樣的一個文化，應該是一個「長命」的文化。簡言之，是「向內」求之於各人之「性情」的。而西方文化則是「向外」求之於大家的「事業」的。我對此問題，曾積久思維，總想說出一句比較更淺顯而更近情實的話，但此刻則暫只能如此說。

我且把四字來奉獻給諸位，我勸諸位要懂得做一「性情中人」，更重要過做一事業中人。在家可以做好兒女、好丈夫、好父母、好妻子。對外可以做一個夠得上朋友的，或做一好下屬、好上司。這些從那裏來，一切皆從「性情」來。若說此人非性情中人，即為我們中國人所看不起。這是一句極平淡的話，但裏邊有極深邃的意義。諸位有志發揚文化，請先發揚自己。不是要發揚自己的事業，儘先要發揚自己的性情。我能做一性情中人，也就自可滿足，可快樂了。而且不僅滿足在現在，還有希望在將來。而還可以把此來影響別人。「既以與人己愈有，既以為人己愈多。」這是中國人一番極高深的道理，而在一種極平凡的人生中表現。

七　文化中之事業與性情

一

我在上一講「文化的長命與短命」中，曾提到性情與事業之分別，言有未盡，今天我特專拈此題，再作發揮。

我常說，文化是生命，生命可分兩大項，一是「事業」，一是「性情」。所謂事業，乃指凡屬生命之一切活動言。而此一切活動，則無不本於性情，附於性情，而歸宿於性情。事業是外露的，性情是內蘊的。事業與人共見，性情惟我自知。除卻此兩項，生命更無所餘。

今試由最淺顯處講起，如一日三餐，此是事業；吃了飽不飽，有味與無味，這裏便有關於我們的性情。如不合我胃，就吃了不舒服。吃得太多太少，還是使我不舒服。這是這一頓飯，和我胃腸的性情不配合。如睡眠，也有睡得安頓不安頓，也要合乎我們身體性情之所好。人生總是此兩大部分。

一是我們工作、活動的一切事業；一是我們的性情。每一工作活動，必從我們的性情生出，也必反應在我們的性情上而作歸宿。

中庸裏講喜，怒、哀、樂、愛、惡、欲，我們稱之為「七情」。衣、食、住、行，亦可說是我們生活中的四大事業。每一事業，則必附帶着下述喜、怒、哀、樂之七情，難可判然劃分。只是事業表現在「外」，性情則蘊藏在「內」。如像一面鏡子，每一件外邊的東西，必來在裏面照見。亦可說：人生一切活動工作與事業，都由人的性情在裏面指導他。諸位在此上堂，為何滿五十分鐘便要休息十分鐘。這因我們會覺得有些疲倦。這即是我們的性情要求。一張桌子，放在此地十年，它不會覺得疲倦，因它沒有性情。人非木石，有性情。從這性情上來指導、來規定、來完成我們的工作，這是我們性情的要求。肚子餓了就吃，吃着就飽；身體疲倦了就睡，睡了精力又恢復。有「工作」，同時即有「性情」，兩者同時並在。若性情愉快舒服，工作便更進一步；工作進一步，性情也愈感愉快舒服。工作影響到性情，性情影響到工作。人生就在這上面一路地往前。人生此兩個大項目，實際只是一個。這一個就是我們的「生命」。有生命，就有此兩項目，這是我最要懇切指出的一點。

即講植物，一樹一草，生長是它們的事業，但草與樹也有喜冷，或喜熱。我們在此地所見，大部分是熱帶樹木，天熱，對它生長合適。天冷，便不合適。植物又有喜乾喜濕之別。陰天下雨，某幾種植物更合適。天氣乾燥，另有幾種植物更合適。植物有生命，同時也就包涵有此事業與性情之兩面。我們見它生活方式不同，便知它性情不同。稻和麥性情不同，因此種法也不同。什麼時候種稻，什麼時候種麥，要雨量多或少，兩各不同。

說到動物，它們的性情更易看出。家畜中一匹馬，一頭牛，或有一隻狗，一隻鷄，可以同我們和愛相處，幫助我們種種工作。可是四者性情各不同。說到虎、狼、獅、豹它們的性情，又和馬牛鷄犬不同。我們只能說由於它們性情不同，而規定了它們的工作。可見我們人的工作和事業，也該全由我們的性情來規定，並不能把事業工作來規定我們的性情。牛可耕，馬可騎，我們不能把架牛的架去架在老虎頸上。我們可以叫一頭狗看門，但不能養一頭狼來替代。這個道理，諸位都承認。即是說，每一個生命，應該由性情來規定它的活動，不可能由活動來規定它的性情。我們先該承認這一點。只是人更複雜，更難講。特別難講的是性情，不是事業。

二

一切活動都叫它事業，無何難講，而事業本源於性情，又圍繞着這性情，不能離開性情，而又歸宿到性情。我之喜、怒、哀、樂，都根據我的性情，也非難講。可是性情該要分兩方面，這樣講，就複雜了。所謂兩方面，一方面是「先天的」，自然給我們的這個性。如說梅花，冬天開；荷花，夏天開。梅花定要栽在土裏，荷花定要栽在水裏。我們可以說梅花、荷花的自然秉賦不同，我們稱之曰

「先天的」。它從生下來就這樣。如說後天的呢？這是經過我們人類文化所陶冶。怎叫陶？一種土，可以做瓷器，瓷器不是隨便那裏的土都能做。我們鑄鐵，先放在爐子裏燒煉，生鐵可以鑄成熟鐵，可以鍊成鋼，可以做種種不同的器用，這叫冶。我們人的「後天」性情，也是由我們人類有了文化以後不斷「陶冶」而成。

諸位千萬不要認為性就是指天賦，此話固是不錯，人性是天生的，天給我們的。然而我們的人性，還要經過後天陶冶，就是「文化」與「教育」。有學校的教育，有社會的教育，有宗教法律種種的陶冶。孔子說：「性相近，習相遠。」「習」是後天。其實孔子還是講這性。兄弟兩人，乃至於同胞所生，他們應該差不多，然而後天環境不同，教育不同，種種經過不同，可以變成絕不相同的兩個人。我們中國人，特別關於這一點上，最用功夫來觀察，最用功夫來發揮。

孟子說：「食色性也。」又說：「飲食男女，人之大欲存焉。」「大欲」就是說的性，這都是天給我們的。人有男女，動物有雌雄，植物比較不清楚一些，然而一樣有陰陽。無論文化進步到任何一個階段，人生不能脫離此飲食男女，脫離了，就不成其為人。這是天賦我們的。怎麼又是我們的後天陶冶呢？讓我們再舉兩個例。如說吃是天生所要的，然而烹飪則是慢慢兒進步而來。中國人做飯做菜，和西方人不同，附帶着的禮貌規矩又不同。中國人同桌合食，外國人一人一份。小孩時只懂吃，不懂吃的時候所附帶的種種，得慢慢教。男人喜歡女人，女人喜歡男人，但我們要有婚姻，有夫婦。這便不是天生的。天只生人一男一女。男的喜歡女的，女的喜歡男的，那是人之性。但不能隨便。或是父母之命，媒妁之言，或是自由結婚，也定要進教堂，要牧師證婚，都不能隨便，中國、外國各有一套。今天我們則全學外國的一套，但總是有一套在那裏，這是後天的。但不能說後天的不是性，或說違逆了人性。

孟子又說：每一人必有四種心，說心裏面有四種不同形態，和四種不同衝動。稱為「惻隱」之心、「羞惡」之心、「辭讓」之心、「是非」之心。那些都得慢慢兒發展出來。為什麼人有惻隱之心，我們也可說是自然秉授給我們的，在我們性裏便有。其實這些不稱性，當稱情。惻隱、羞惡、辭讓、是非，都是一種「情」，而表現在我們的心上。動物也可能有，不過不大容易看出。人類到今天，已經幾十萬年變化下來，我們的歷史，算是最古，也只有五千年。但我們講到猿人，北京人，到現在已四十萬年或更遠。開始時的原人，是否也有惻隱羞惡之心呢？恐怕是有的，然而很微很弱、很渺茫、很暗晦、很不清楚，這需經過人文陶冶。好像這塊土，拿來怎麼燒，怎麼做，做成一個瓷器。我們人類某幾種性情，更得慢慢兒拿來陶冶燒煉。

孟子書裏又舉一個例，說人死有葬禮，本不是先天所有，乃是慢慢由文化進步而來。從前人不懂得葬，後來人懂得，似乎是一種知識。但知識也只是我們一種活動，一番事業，而中國人則更看重性情。孟子說：從前人，父母死了，扔在外面便完，總不能把死人放在家裏。拿到半山，沒有人見的地方扔了，這個習慣不曉要經過幾多年。有一天，一人跑到山上，恰恰跑到扔棄自己父母親屍首的地方，一群狗和狐狸在咬尸的皮和骨，很多蒼蠅飛蟲在吸尸的血。這人一見，額角上泚出了許多汗，他的心跳了，像有一個東西刺著作痛。那心跳和額上泚出汗，這就叫做惻隱之心。不要說是碰到自己父母的屍體，隨便在路上見一屍體，有狗狐狸在那邊咬，我們也會心跳。因我們將來一旦自己死了，還不是一樣嗎？心中隱隱作痛，這個叫惻隱之心。孟子在這裏沒有講到這「惻隱之心」四字，孟子只說我們如或見一個小孩，忽然要掉進一口井，我們的心一驚動，像捨不得他掉下去，這叫惻隱之心。其實在野外看見父母屍體，那時我心驚動，那個也叫做惻隱之心。於是他回到家裏，拿了鋤頭畚箕，回去耙開土，把這屍體埋起。再回家來，不免要講給別人聽。別人聽了，想到自己的父母親屍體，也扔在山裏邊，便不免趕快去，也拿鋤頭耙開地，把屍體蓋起，這是人類有葬禮的開始。這只是孟子的想像，並非實見此事。然而這個想像，至今想來，還覺得它講得千眞萬確，很有意思。其實直到今天，世界上還有人不懂把死人屍體埋葬，只把來掛在樹林裏，讓老鷹野獸吃掉。然而漸漸地他們也會有葬禮的。

一個死尸拿去葬，不免要哭一番，不免有多人在旁邊看，大家哭了，忽然有人吹着笛了，來和哭聲相配合。如此便在送葬時有了一套音樂，於是有禮復有樂，這叫做「禮樂」。開始是人類一番惻隱之心，有了這禮和樂，慢慢兒一兩千年整個社會傳下，那時人類的性情，就變成精細，哀傷中也夾帶進「和悅」，人生便更堪回念和戀惜。

三

開始時，人類性情還是粗的，慢慢兒細了；開始時人類性情還是硬的，慢慢兒軟了。這便是「文化人」與「野蠻人」之別。如開始，哥哥愛他弟弟，只是一種粗的愛，父母在旁逐事指教，這哥哥之愛，便慢慢兒變得細，變得更美。男女之情，婚姻之禮也如此。中國人在此上所表現的，似乎要更細緻更精美一點。諸位如看平劇，中國人表現男女情感，只那眼睛眉毛一點動作便夠，加上唱幾句，更使人迴腸盪氣，說不盡的感動，愛情便在這裏表現了。外國人便要擁抱接吻，由我們看來，似乎他們粗了些，不如我們的美些。一面是較近自然，一面是較多人文陶冶。又好像中國人心腸軟一些，外國人的硬一些。我們是喫了虧，但急切又苦很難改。這也有後天的人文陶冶在內。

照孟子說法，我們因有了此惻隱、羞惡、辭讓、是非之心，就發生出所謂仁、義、禮、智許多花樣來。我們可以簡單說一句，因為人的性情，開始產生禮樂。有了禮樂，才完成了道德。道德回到最先，還是我們的性情。所以中庸上說：「天命之謂性，率性之謂道。」諸位這裏有信耶教、佛教的，但似乎宗教裏都沒有看重我們這一個「性」，更沒有看重率性之謂道的這個「道」。中庸下面又說「修道之謂教」。中國人的「教」，是從這處來的，這才是我們中國的文化。

中庸又說：「盡己之性，盡人之性，盡物之性。」這裏又分成兩個步驟。一是由誠而進到明。上面所講，一人看見他父母親屍體給狗狐狸在那裏咬，他纔感覺到這屍體該埋葬。這便是「由誠明」。由我們的性情，而產生出我們的事業。都是由誠明。「由明誠」呢？因我們有了種種禮樂，種種事業，使我們的性情慢慢兒愈來愈細膩，愈來愈精緻。把人文陶冶和天然秉賦合一起來，這就叫做「天人合一」。天生了人，人也可以產出天。所謂「贊天地之化育」。

我們可以說，性情是人生中最眞實的本質，人的生命以及其一切活動，最後的本質是人的性情。而我們人生最眞實的享受，也就是我們的性情。把父母屍體埋在土裏，驟然覺得心安，晚上也睡得着，這不是人生一享受嗎？而且實是一種人生最眞實的享受。諸位當知，我們一輩子做人，衣食住行，一切活動只是工作。工作了，覺得心裏舒服，才是享受。諸位在此聽課是工作，要聽着覺得這道理滿高興，纔是享受。人生的眞享受，不是在享受身外一切吃的、穿的、住的、行動的。乃是在此吃的、穿的、住的、行動的後面，在我們心上所生起的某些反應，纔始是享受。

列子書裏有一節寓言。說：有一個王者，日裏做皇帝，晚上夢做苦工。日裏開心，晚上則非常苦痛。有一苦工，每天晚上夢做皇帝，很開心。那皇帝知道了，就找這個苦工來，向他說，我和你對調一下生活好不好，你來做我皇帝，我來做你苦工，這苦工卻拒絕說不願。我們總說夢是假的，但晚上夢做個皇帝很舒服，那也是精神享受。日間做苦工，這只是外在的形勞，一切衣食住行，富貴榮華，都在外，都屬「形」。舒服愉快須在「心」，我們又稱之曰「神」。一個苦工而心神安樂；一個皇帝而心神不安頓。富貴者「形逸而神勞」；貧賤者「形勞而神逸」。那是常易見的。我們中國人就很看重此一分別。能抓到人生本質，在人生享受上用工夫。至少這是中國傳統文化內面的一番精神。

倘使我們坐在一間溫暖的房屋裏，有一張舒服的沙發椅，而精神不安頓，此事有沒有呢？若我們點一盞油燈，窗外風吹，直鑽進屋裏來，而我們覺得精神很愉快，此事又有沒有呢？這應該不應該分着來講。為什麼你坐在很好的陽光下，很適宜的溫度，很舒服的椅子裏，而精神上感到不愉快？為什麼房間是冷的，椅子是硬的，光是暗的，而你心下滿舒服？這只能在其人性情之得失上講。山珍海味，一大桌，我們可以吃得不舒服。粗菜淡飯，我們可以吃得很舒服，有沒有呢？人類文化，也可分此兩種。一是注重事業，張開向外；一是注重性情，蘊藏在裏。張開向外的，便要着重一切物質條件，重工作，重功利，重外邊的形貌。我可稱之曰「外露的文化」。若能從內部性情心靈方面來講究，這就含蓄在內部，我可稱之曰「內蘊的文化」。可是諸位也不要把我話截然分作兩面，因此兩面實是「一體」，只是一體之兩面。斷然沒有只有事業而無性情；也斷然沒有只有性情而無事業的。不過我們走上了一條稍微偏向的路，有的偏向在事業方面，偏向到外面形貌方面，物質方面去。那至少就容易有一種止境。到達某一地步，就有一個「限止」。

四

限止有兩種，一是外面的限止，一是裏邊的限止。資本主義社會，向外做生意，在上商業上賺錢，太着重物質經濟，必然有限止。起初是美國東西銷日本，慢慢兒日本東西銷美國。起初是美國東西銷臺灣，慢慢兒臺灣東西銷美國。這是在外邊的限止。東西儘往外邊銷，漸漸裏邊空虛，經濟膨脹，這是內在的限止。內蘊文化看重內部，有其內，必有其外。它會自然地向外，但我們不能說有其外必有其內。這是一個「內外」的分別。有其內必有其外，則是內外雙得。若使外張而內虛，則內虛自會影響到外張，給你一限度。把最近美國作例，可能已有病象可見。這不是幸災樂禍，我們要講一個人生文化的大原則大道理，則不得不警惕，不得不預防。

美國人登上月球，在外張方面，使我們不得不佩服。但看另一方面，社會上的嬉痞，起初只限青年人，現在則已經不限止在青年人，中老年人也有很多同情的。初看很奇怪，今天慢慢看得不奇怪，而又同情他們了。從前嬉痞在學校裏鬧風潮，他們還有大題目，如逃避兵役，反對戰爭，有一個題目放在那裏講。今天也來組織公社，多的兩三百人，少的四五十人。本來嬉痞在學校，在都市街道上，現在他們跑進山裏去，跑到普通人不到的地方去，買地建公社，雖未見有精詳統計，大概也不少。若要參加公社，不許有私有財產，錢都交出，這是唯一條件。買了地，大家勞作，可以自己生產，還有家庭父母兄弟親戚朋友接濟，公社的經濟不愁了。這實在也是一個無產階級的共產社會。

從前說共產社會是一個集權的社會，由無產階級一黨專政。自由資本社會，各人過各人的生活。今天美國的嬉痞公社，則是一個自由的共產社會。他們有一個共同生活而又是各人自由，沒有史太林、毛澤東在統治。食是解決了，說到性，公社裏男人多過女人，於是男女性交用抽籤來解決，這便是公妻。所以我說，今天美國的「嬉痞公社」，實際是一個共產社會，但不講共產主義，更不講唯物史觀與階級鬥爭。一任各人自由，來組織一個團體，過團體的生活。又不能有家庭，有了家庭，便易有私產。所以共產而不公妻，這只做了一半，不徹底。蘇維埃與毛澤東所做不到的，美國嬉痞做到了，但這也不是美國人發明。希臘大哲學家柏拉圖之理想國，早就講共產，講公妻。若論事業，他們早就超過了史太林與毛澤東。若論性情，他們也同樣未解決。

食色天性，與生俱來，此是先天秉賦，不僅人類，禽獸也有。我們不得不給與以滿足。像佛教、耶教，要求取消此等天性，究是不可能。但像嬉痞公社，實亦是違反人性。儘說自由組織，但公妻便回復到禽獸生活了。究竟今天做嬉痞的，他們要些什麼？若說不當兵，那也可以。若說不要家庭，也可以。既不要家庭，也不要私產，這也可以。但試問今天的嬉痞們所要緊何？在其背後應有一套哲學與理想，只還沒有產生。

他們只對現有文化現有人生感到厭煩，他們只走向消極方面，然而因此我卻感到馬克斯所講的共產主義，只講到半路上，不徹底。無產階級革命，不許人有私產，為什麼還許人有家庭。有了家庭，就會有私產。又為什麼工人還要有待遇？試看今天如波蘭人的革命，他們就會要由公返私。工作勞苦、精細，要多給工資，不該和工作簡而粗的一般。既有高工資低工資，高生活與低生活之別，這不是由公返私，把共產社會拆掉了嗎？可知今天人類，正有兩方面。一面是共產社會裏的爭取自由；另一面是自由資本主義社會裏面的如嬉痞，也有爭，但不知究竟要爭什麼？我們只可暫稱此等為一「反動」，此是自由資本主義社會中的大反動。

所謂「反動」，是只向反面動，在其動之本身，則本不是有個方向或理想。也可說是一種沒有自覺性之動。在這裏，並不是一種性情發現，乃是一種性情不安。要擺棄一切，回歸自然狀態去。但不知我們正就從自然狀態演進到今天。而這條演進的路是錯了，今天是在反抗，但沒有「反省」。回歸自然，決不是我們的止境。

我們中國莊老學派很早就看出了人類文化中有種種毛病，要我們回歸自然。如上舉列子寓言，便已說得透切極了。他就是要提倡我們回歸自然，只沒有像今天西方人般做得徹底。但做得徹底，眞回歸了自然又如何？他們卻沒有想到沒有講到。所以只能說是一個文化的反動。但也很可說是文化生了癌，能不能割呢？發現它是癌，立刻割掉也可以，但究不知癌在何處，只是毒向各處流，無法割，這可以是死症。

五

今天西方社會之有嬉痞，我們不要僅認為是一個反常狀態而已。生了癌，不還是照常吃飯，照常活動嗎？今天並沒有人認為西方社會犯了癌症。或許諸位認為我今天講話有些小題大做，不是美國最近正在送人上月球嗎？美國的工商業，不還是在世界高踞第一位嗎？這些我都承認。但嬉痞公社見之報載，不是沒有這回事，無產公妻之自由大結合，意義不尋常。今天的西方，尤其是美國，不是事業失敗，而是「性情不安」，至少是可說的。因於性情不安，而走向違逆人性則是可危的。

我所謂的違逆性情，乃是指的經過了長時期文化陶冶，幾千年到今天，而有此逆流，此固大可憂。在中國，尤其是有一個經過最高的文化陶冶的榜樣在這裏。所以我們還不曾有如西方般可怕。我們且離開嬉痞，另舉幾例來講。如說電影，在臺灣，遇到黃色的太色情的電影要剪掉，要禁止。若到美國，到歐洲去，電影公開表演性交，只有人獸之交才禁。報載倫敦有一位電影檢查員，他寧願辭職，不願再檢查，再去看那些電影片。他實在看得討厭了，也可說他還有一分善惡之心。然而那一人，實是少數中的少數。

今天的西方社會，除卻此一「淫」字外，還有一個「盜」字。報載有一統計，倫敦去年一年，共有了三百幾十萬次的小偷或強盜跑進人家的屋子。他們的警務工作，統計得這樣精細，當然值得我們佩服。但一年三百六十天中而有三百六十萬次的盜案，則是一天有一萬件。倫敦究不是太大，而是英國的首善之區。英國又可為西方文化中一個極高的代表，但一年中盜竊案件如此之多。據統計，被盜而在保險公司保險的，共有一百幾十萬美金。可見倫敦社會還不能算他是貧窮，只是一個不正常社會。

現在再講到罷工，罷工本是自由社會所許可，現在則共產社會也有罷工。罷工本是工商業團體所有，現在則政府公職也有罷工。最近如英國有郵務罷工、電信交通罷工，郵政電信，固然亦是一種職業，但這是政府公職，不比一個私的工商團體。此等公職也要罷上，試問此社會前途究該向往那裏跑？豈不是太無目標了。如在一個大沙漠，大曠野中間跑路，沒了目標，會跑向那裏去。我們實不敢贊成自由資本主義的社會有這一套，當然我們也不要共產主義那一套。

西方文化固然還有他過人的地方，不該一筆抹殺。他們的事業，今天還是遠在我們之上。而他們的性情，似乎還有些粗獷，不能再佩服。我認為西方人的缺點，還是在他們的性情上。他們太看輕了人的性情，而還要鬧着性情解放，而要擺棄人類在性情上之一切後天陶冶，這若不是文化衰落，便成了一種文化反動。

我在下次還要再跟着這題目另換一個說法來講，今天所講有一點所要貢獻諸位的，則要勸諸位莫太過看重了事業，而該看重自己的性情，這是我們中國文化傳統所特別看重的一項。諸位不要太看重人生外露的表現。該看重人生「內蘊的享受」，這才是我們的眞人生。若使諸位在這堂上聽我講這一番話，也覺得有興味，那即是一種享受，在諸位，在我心裏，同會感到一番快樂和安慰。我並不想標新立異，要拿一套話來說服人，表現我的思想和理論，這些都從事業上着眼。我是講我心上的感觸，而諸位對我這些感觸有共鳴，這即是我們一個內蘊的人生。

八　文化的中和與偏反

一

今天講題是「文化的中和與偏反」。民國以來，討論文化，大家都覺得中國和西方總有不同。有人說：中國文化是唯心的，西方文化是唯物的。或說中國是精神文化，西方是物質文化。也有人說：中國文化主靜，西方文化主動。像此之類，我覺得總嫌不大正確。說西方文化唯物，他們不是不看重心智。說他們是物質的，但也有精神方面。至於靜與動，則任何人生，不能只靜無動，亦不能只動無靜。這都覺得分別得不很恰當。

今天我試申述個人意見來把中西文化作一個分別。我認為文化應可分兩型，一稱「中和型」，一稱「偏反型」。這是我造此名稱，用來講中西文化之不同。我認為中國文化是「中和型」的，西方則是「偏反型」的。怎麼講法呢？任何一物，有全體，有一偏，或偏在這一邊，或偏在那一邊。今天我們說左傾右傾，我們的思想理論行動，不是偏左便偏右。起初不覺得，慢慢兒會發生毛病。毛病是偏左的就反對偏右的，偏右的就反動偏左的。所以有「偏」必有「反」。往往每一個理論行動，太偏在某一邊了，容易發生反動。反動只是反到相反的那邊去。我把此稱之曰「偏反」。文化走上了偏路，定會有反動，這是一種自然過程。但這樣總不很好。我們要找出一「中和」。

這一「中」字易於誤會，以為不在這邊，也不在那邊，而在其中間。這講法不大對。這邊固是偏，那邊亦是偏，在中間則兩邊不着，那也是一個偏，不是個全體。普通講這個「中」字，總以為是兩個極端之中間，折中下來纔是中。其實中國古人講「中」不這樣講法。所謂「不偏之謂中」，不偏在這邊，也不偏在那邊，這一個「大中」，是全體。左與右，都在此全體大中之內。當知偏並不是不好，左也是，右也是。一個人，並不能要了右手就不要左手，要了前面就不要後面，不對是在偏上，全體則不偏。所謂中，是一個「大中至正」之中，是一個大局面全體之中。兼包兩偏都在內。

中國古人又講「中庸」，「不易之謂庸」。因偏而生反動，就是易。得到一個大中至正，便不會有反動，故稱「不易」。因我們對這中字沒有看準，看西方文化一會子這樣，一會子那樣，遂說它是動的，而我們則是靜的。靜的就是不前進，死定在這地點。我們看物質方面，種種不如他們，又說他們是物質的，我們是精神的。但精神不能不要物質？於是爭論永遠不絕。

我今天說：中國文化是走了一條不偏的中和的路。這邊那邊兩無衝突。如左手右手，前面背後，都在我的一身得其和。偏要一面，就不是和，也不是中。中國古人說：「中者天下之大本，和者天下之達道。」大本是不動的。從此推演出一條達道，大家可走，而亦大家可以調和。因其同在一全體之內。中國文化四千年到今天，常是一個大中至正，像是不動，其實並非不動，它只是一個全體性的動。所以看像靜。西方文化，一會兒在這邊動向那邊，看是在動，其實是一種反動，都是偏。太偏了，不安現狀，就生反動。反動本身沒有意義，只是向一個相反方向動去。

二

具體講，如說自由，自由當然指個人言。西方人說，他們一部歷史，就是在爭取自由。然而這話不免偏在一邊了。組織是自由的反面，試問我們的人生，在整個社會中，能有了自由而更沒有組織嗎？自由是個人的，團體又是個人的反面。個人在此社會中，要參加團體，投進大羣，只說個人便偏了。個人和團體，自由和組織，正如我們兩隻手，一左一右。或我們一身之兩面，一前一後。我們今天只看重了英美這一面，稱之曰「自由世界」。那一邊共產主義的集團要不得。其實這觀念也是偏。英美並非沒有組織，為要爭取自由，就得從事組織。如英美工人，為要爭取工資，而組織工會，罷工是一種團體活動，不是個人活動。今天罷工風潮，不僅蠭起於工商界，大的企業組織有罷工，甚至公務人員也罷工。最近英國郵務工人、電信工人大罷工，一切郵信都停頓。照理這些是一種公務，不該罷工，在罷工中間，也不是每一人都贊成。可是有一個工會組織，不得不罷工。又如學生罷課，也不是全體學生都贊成，但有一個學生會組織，非罷課不可。從前我們在大陸喫盡了學生罷課的虧。今天像美國、日本，乃及其他國家，學校罷課，可以半年一年罷下去。罷工罷課，他們都說是爭自由，可見自由走到極偏，也不好。

若說組織，也有組織的好。工人沒有組織，怎同資本家爭。甚至共產黨內部，還是有罷工。如像最近的波蘭罷工，這些處很難說組織定不好，自由定比組織好，但也不是組織定比自由好。美國人只講自由，年輕人不當兵，學校裏罷課。此在集權國家裏還沒有，自由國家就在這些處吃了虧。但自由國家要反對當兵，也得要有組織。所以說「自由」、「組織」各有利弊。

我們初和外國人接觸，就學他們說要自由。我在年輕時，總聽說中國社會不好，像一盤散沙。但一盤散沙只是無組織，不是無自由。自由到了極點，就如一盤散沙。既要爭取自由，又說我們社會像一盤散沙，這又怎麼辦？孫中山先生說，中國人不是少了自由，乃是多了自由。多了自由就如說沒有組織。在這地方講起，是不是我們自由也不如人，組織也不如人？講爭取自由，沒有像外國人般激昂。講加強組織，也沒有像外國人般堅強。那麼是不是我們一無是處，什麼都不如人呢？

三

深一層講，問題不這樣簡單。從前英國哲學家羅素寫了一書，名自由與組織。羅素是一個愛好自由的人，第一次世界大戰，他在大學裏教書，反對徵兵，下了監獄。不問國家需要，一意爭取自由，那也不好。慢慢年齡大起來，覺得自由固重要，組織也不是不重要，纔寫這本書。英美人講個人主義，共產黨則講階級，沒有個人。但我們可以不承認有階級，不能不承認有「社會」。社會的秩序要維持，社會的治安要顧到。豈能儘講個人自由。又如今天的共產主義提倡階級鬥爭，要無產階級聯合起來反對資產階級，這也是憑組織來爭取自由。一工人，無法與一大資本家爭待遇，只有聯合起來。一個經濟落後的國家，外國貨進來，我們的錢都到外國人的腰包裏去。喜歡買外國貨是各人的自由，但國家的經濟無法站起。於是政府採用關稅政策，今天的自由國家都這樣做，不啻是把政府組織來反對民間自由。

我們大陸有七億人口，世界各國都想和大陸做生意，這也是資本主義的自由。但共產國家，偏不讓你的貨物自由銷進來。如日本貨，銷臺灣是省力，要銷大陸去，就困難。共產國家關了門，不同資本國家做生意，那也有它的苦衷。因共產主義本只是自由資本主義的反動，而走上了另一極端去。結果是各一極端也都無法反對相反的極端，而成為相持的局面。

我們不要認為西方文化講自由，他們就一定反對組織，反對集權，反對共產主義和階級鬥爭。其實沒有這會事。雙方各在一邊，各有得失，各有利弊。只看今天世界一種姑息潮流，便知其中底細。大家爭要和我們大陸地區打交道做生意，但大陸今天已經民窮財盡，豈能再讓資本國家進來做生意。最後結果，自然決不能像資本主義國家所想像。所以我常說，共產主義乃是資本主義的反動，集權政治是民主政治的反動，誰也反對不了誰。

儘講個人自由，民主政治，天大事決定在一票之差，似乎更沒有其他的是非。如美國在越南，打了許多年仗，人心厭倦，不要打了，政府也無奈何，只有接受民眾意見。但又說還有沉默的多數。既是自由，為什麼沉默不開口，讓少數人操縱？豈不因少數人有組織，而多數人無組織。今天我們希望美國這多數沉默大眾組織起來為他們的政府說話，這也是我們的主觀太深，太天真了。我們自己站在這一邊，要個人自由，反對共產主義，卻不知共產主義也是代表了組織一面。他們的組織，不得不說比資本主義一面來得強。講到做生意，共產國家由政府來做，自由國家由一個一個廠家來做，自然不一定能勝利。

蘇維埃在第二次世界大戰後，已變成為世界第一等強國，可以和美國對抗。英法諸國都遠在其後，豈不為蘇維埃有組織嗎？拿整個歐洲歷史來看，就是一會兒講個人主義，一會兒講社會主義，一會兒講自由，一會兒講組織，互為反動。翻到這邊，翻到那邊，左傾變右，右傾又變左。我姑稱之曰這是「偏反」的文化。

提倡自由也是偏，提倡資本主義也是偏，當然提倡階級鬥爭，提倡集權政治也是偏。你是我的反面，我是你的反面，半斤對八兩。沒有今天西方的自由資本主義，也不會有今天的共產黨。馬克斯就在英國倫敦自由資本主義社會裏產生出他的一套理論。我們今天要反共，要提倡自由，但也得加意講組織。如像日本，這十年十五年來，自由資本一天天發展，但社會也一天天不安。若把全部西洋史來講，自由轉到組織，組織轉到自由，本如翻車般在滾。我們今天要講復興文化，但不是要講復興個人自由呀！我們的缺點，或許在更少組織上。我們儘去美國讀書，去西歐讀書，回來只講「自由」二字，試問如何能對付人家的組織？我們千萬不該只顧了一面，不再顧到另一面。

我們又講西方文化偏重在物質，這話並不對。西方自羅馬帝國崩潰，下面是中古時期，宗教主宰一切。而他們當時的宗教則是太注重講精神生活了，大家關在教堂裏，下面激起反動，就有「文藝復興」。自有文藝復興，纔再回到物質生活方面來。於是有新商業新工業，有現代的歐洲。我們既看重他們的文藝復興，又如何要看輕他們的物質文明，這顯是不對的。

但西方的宗教，實也講到一偏去，專講靈魂，講天堂，偏於講精神人生，而不講物質，不講現世。他們的文藝復興，乃是要從靈魂生活回歸到肉體生活。於是而有個人自由。又慢慢兒跑出科學。但直到今天，科學只是給我們物質生活的便利。從宗教跑上科學，這不是又從這一偏跑到了那一偏去嗎？科學僅能解決物質人生的一面。而人生之全體，則並不能專賴科學求解決。

到了今天，美國人，歐洲人，嬉痞成群結黨，他們也只是一反動，是他們物質文明的一反動。留長頭髮，乃至吃大麻。這在告訴我們，今天的西方人，又要跑上另一個反動的路。固然嬉痞並不是共產主義和階級鬥爭，只是有一批人不安於這個資本主義的生活，要求一個精神解放。在物質文明的社會中來講精神，但還沒有提出一個明確的目標。於是吃大麻，迷迷糊糊，只求精神的暫時解放。諸位當知，美國和歐洲社會，同是在這自由資本主義之束縛下，發現了生活之苦痛。每個人的精神生活沒有地方發洩，才有今天這情形。他們先是從宗教到科學，將來是不是會又變成從科學到宗教呢？我們也不曉得。但明明有一種反動現象在那裏表現，這又證明了他們的文化，還是在一條偏反的路上。

四

我們換一句話說，今天是一個科學時代，有了科學而無宗教，有了物質人生而無精神人生，又快要來反動。我們中國人很早就看出這一個所謂相反的兩極端。在易經中就講此道理，中國人稱之曰「一陰一陽」。日是陽，夜是陰。男人是陽，女人是陰。不能有了白天沒夜晚，不能有了男人無女人。在此相反的兩極端之交互會合中間，正是大道所在，故曰「一陰一陽之謂道」。中國人所講的「道」，正是在此一陰一陽中之全體活動，並不是偏陰或偏陽，也不是既不要陰，又不要陽，而在其交界的中間處來求中國人所謂「中道」。乃是在一陰一陽之大全體中看出其一個活動之大道。如晝變夜，夜又變晝。夏變冬，冬又變夏。晴變雨，雨又變晴。一反一復，其實只是一全體在動，而中國人把「陰陽」兩字來作說明。依據易道，我們正要在相互反對中求綜合。一面是自由，一面是組織。一面是肉體，一面是靈魂。超其上有一綜合之全體，我們要在此綜合全體中找出一個「中庸之道」來。所以說「不偏之謂中，不易之謂庸」。晝定會易做夜，夜又定會易做晝。變易便是個不易，「易」與「不易」像是相對相反，其實是一「中庸」之體。不能有了這一面，不要那一面，要兩面調和都存在，不能由這一面取消那一面。中國人這個道理，既簡單，又清楚。你說晚上好，等着會白天來。你說白天好，等着會晚上來。你說自由對，等着有事要你組織。你說組織對，等着又有事要你自由。你說個人對，有時更要在社會，在群眾。你說社會群眾對，有時又重要在個人。在此一陰一陽之反復中，始見此大道。

在馬克斯資本論以前，有黑格爾的辯證法。說一切有一個正面，就有一個反面。正反合起來，又變正，那麼又會來一個反。如此一正一反再合，以至於最高的一個「絕對」。他這些話，初看覺得很新鮮。但實只是在名字言說上玩花樣。試問自由和組織合起來成個什麼？那就無此一名，很難說，所以他不舉實例，只用符號說，有甲必有非甲，相合稱乙。乙又有非乙相合稱丙。丙又有非丙，相合稱丁。丁又有非丁，相合成戊。如此以往，實只是在玩符號把戲，所以能至於無窮。

今試落實說，自由必有一不自由作對，但雙方相合又是個什麼？組織的對面是無組織，但二者相合又是個什麼？若說自由與組織相對，二者相合又是什麼？可知所謂「正反合」，只是一種符號，並無實際，只是黑格爾心理上之一種想像。一正一反，合成一正，又來一反，再合成一正。在心上可以如此想，但在世上沒有事實可舉。生死相對，死了就完。這是一眞實人生。要說人生與非人生對，又合成什麼？那全只是名字言說，更不是一個眞實東西。

如說自然與人文，或說天然與人為，兩者一正一反，合起來便無可說。中國人則稱之曰「天人合一」。此話說得多麼聰明。「人文」要和「自然」配合，自然在這一面，人文在那一面，兩者配合，乃是大中至正之道，是合天然與人文為一大全體。講到這裏，無法再向前。但黑格爾講法，則可永遠向前。由黑格爾轉出馬克斯來又不同。由奴隸社會變出封建社會，又變出資本主義社會。來了一個，吃去一個，不如黑格爾講法易得我們喜歡。又且到了共產社會起來吃去了資本主義社會，早就是一個絕對了，更不如黑格爾之邁進無疆。但馬克斯所講卻是指着事實而非玩符號，所以黑格爾思想到底不能和馬克斯爭。

今天我們實在也太看重了西方人。他們說的話像都對，不許再想，再加以批評。但倘使黑格爾對了，不會再來馬克斯。若使馬克斯對了，則如今天的蘇維埃，和我們大陸中共又是對不對呢？若說是資本主義社會對，又試看今天的英美社會，究是對不對呢？他們在那裏一翻一滾，定說是進步。則今天的科學時代是不是眞比昨天的宗教時代進步了呢？諸位認為中古時代要不得，但從宗教立場講，怕今天的社會，將更是要不得。從前講上帝講靈魂，今天我們講物質講資本。究是那一個定比那一個好了呢？對了呢？

今天我們要反共，乃是我們自己的立場，也是我們自己的信心，不是要追隨着外面的所謂自由世界來反共，當知這個自由世界根本就不反共。英國首先第一個承認了大陸共黨政權，法國次之。下面是美國，已經躍躍欲試，見獵心喜了，那裏在眞反共。講物質，講資本，只要有利可圖，並無原則可守。自由世界之大原則，則在做生意。科學研究也為着做生意。於是我們又有一問題，今天的西方能不能從他們的科學再回到宗教呢？這事似乎很難講。西方的科學本是一偏，宗教也是一偏。但要從這一偏重新又回到那一偏，至少尚未見其跡象。

今天西方自由世界所看重的其實只是功利，只問能不能佔便宜，誰也逃不出此一大原則。世界不打仗，大家做生意，這可說是今天他們的希望了。所以他們既要自由，又要和平，但和平也是在一偏。有時會要鬥爭的。專講鬥爭固不對，專講和平也不對。此世界也還未到只有和平沒有鬥爭的時代。今天自由世界要和平，只為要做生意，做生意也只為要自己佔便宜，那有所謂反共。西方人反共，乃在功利觀點上反；我們要反共，則該在中國文化傳統的大中至正之道上來反。西方人愛講功利，中國人則愛講道理。此「道理」兩字，可以分着講，可以合着講。分着講，道是道，理是理。如說天道、物理。宗教都說講道，科學則重明理。天道、物理，顯然兩分。

五

我們再進一步講，「理」是早已有在那裏的。如說人類上月球去，從飛機到火箭炮，到太空船，中間都有理。但此種種理早已存在，並非由人創造，只是由人發明。人能發明飛機之理，根據發明來創造，只能說人創造了飛機，不能說人創造了飛機之理。理原是在那裏，不過人不知，經科學家發明才知。然後憑發明而創造，如創造電燈，當然先有電燈之理存在了。但一切理可說早已存在，道就不然。道要由人行出。故莊子說，「道行之而成」。如像一條路，不是先有一條路在那裏，只由人大家跑，跑出一條路。不跑就沒有這條路。所以「理」總偏於「現實」方面，而「道」則涵有「理想」。理不能差，差了便不存在。如飛機之理有差，則飛機便不出現，不存在。所以科學時代比較總是偏現實，偏功利，近於唯物。宗教時代則總是偏理想，偏道義，而近於唯心。現代的西方，則是科學時代物理上多發明，而人事上則少領導。今試問。資本主義怎麼來？共產主義怎麼來？固亦是由人跑出來。但領導此路向者究何在？我們中國社會，則向來不跑資本主義的路，也不跑共產主義的路，但亦總自有路。

上面已說過，資本主義、共產主義盡是偏路，而中國文化傳統，則走了一條大中至正之路。在西方，宗教和科學成了兩極端，資本主義、共產主義全是科學時代之產物。而在中國，一口氣就講出「道理」二字，這二字中間，連科學精神和宗教精神都在裏邊。我想西方人的科學，只有得到中國文化來運用，纔能無毛病。西方人的宗教，也要由中國文化來運用，這宗教也就沒有毛病。兩不相衝突。現在世界上，還找不到第二個國家，第二個民族，能在這上，而又顧到那一邊。中國人之所謂「相反相成」，所謂「兼容並包」，這就要靠我們現在中國人的聰明和力量來運使。既要不失宗教精神，還要發揚科學效能。道並行而不相悖，萬物並育而不相害。大中至正，不偏一方。這樣講，纔是中國人的道理，但會感到沒有多少話可講。

自由與組織，資本與共產，各有名目，各有立場。宗教科學，也是如此。西方文化中的名目多得很，講哲學思想，儘有許多名目。而在中國，就沒有這許多。道理就只是一個，一陰一陽之謂道，宇宙人生盡在內。修身、齊家、治國、平天下，個人在內，羣眾社會也在內。若說中國人沒有組織，又怎會有家庭，有國家？正為近代西方人，太講個人自由，連家庭也不要。自由結婚，當然可以有家庭。自由離婚，家庭又放在那裏？又說獨立平等，男的要獨立，女的要獨立，子女也要獨立。說你是前一輩的父母，我是後一輩的子女，有時代之隔，你不能干涉到我。而國家與政府也干涉不到個人。這還有何說？中國人從身到家，未嘗沒有自由。從家到國，也還是有自由。由國到天下，自由也仍在這裏。而組織也就在這裏。家與家不相衝突，國與國不相衝突。各以個人的「修身」為本，身與身也不相衝突。所以中國人思想的傳統，有時等於像無思想，太簡單。

近代我們中國人，都要罵中國人思想籠統，不會分析，沒有力量。只懂得崇拜西方思想，把西方思想中種種名目，全拿到中國來，於是說打倒「封建社會」，打倒「專制政治」。但在中國歷史上，幾千年來，實在並沒有這些名目呀！這些名目都從外國來，正為他們愛向一個偏的方向跑，跑成了一個型態，再又反動，換一個方向，跑進另一個型態。封建社會跑進資本主義的社會，確實和封建社會不同。共產社會又是一套。西方人跑出很多花樣來。像是中國人沒有花樣，遂說它籠統含糊，馬馬虎虎。又說中國人不科學。但造太空船到月球去要科學，人生卻不能唯科學。儘說中國人不科學，幸而現在西方人不科學的愈來愈多，嬉痞是科學嗎？吃大麻是科學嗎？罷工算科學嗎？現在的西方社會，一天天在那裏另走上一條路，我們讚美它能變。可惜這變漫無目的，只是對現狀之不安，其實這種變，還只是反動。

老子說：「道可道，非常道，名可名，非常名。」西方人有一個「道」，便有一個「名」。資本主義個人自由，共產社會階級鬥爭，全是道，全有名。只是不可常。中國人自笑中國，只是一個混沌，我們也可說中國是一個無名色的社會。中國人理想上最偉大的人，就是不能拿一個名目去稱呼他。西方人則都要有了一個名目纔見為偉大。哲學家、政治家、藝術家、科學家，各有名稱。中國人也有名稱，如稱聖人、賢人、善人、君子等，其實就是沒有名稱。試問聖人、賢人究是個什麼樣人？中國人說不出。西方人則只有宗教家、科學家等，多樣的角色，多樣的名目。可是製造名目，就同製造紛亂。現在這個世界的紛亂從那裏來，就從一切名目來。這個社會，就變成一個五光十色，亂七八糟的社會。我們今天只拿了西方人的名色來看中國，來批評中國，中國既不是一個科學的人生，又不是一個宗教的人生，中國的社會也難安上一名稱。一切都不是。然而若使中國社會眞上了軌道，就是安安頓頓的一個社會，是一個大中至正之道的社會，是一個不偏不易一團和氣的社會。若有許多名目，就是不和。

六

我可以誠懇告訴諸位，我們平常講話，乃至思想，所用的幾許名字，都從西方來。如講自由，我們今天認此兩字像是天經地義，我們只覺得自己這樣不自由，那樣不自由。又如說科學，科學又是一個天經地義，我們又感到，這樣不科學，那樣不科學。我們儘用着西方名詞來看中國社會，來看中國人生，來批評，來反對，而西方一切名詞則都是一偏的，其實都有一個反面。但中國人原有的許多舊名詞，今天我們都不用。如仁、義、禮、智，孝、悌、忠、信，我們很少認眞使用。但若眞用着這許多名字，孝就是孝，不孝就是不孝，當然不能把孝同不孝正反合起來又是一個東西，這是根本沒有的。孝就是對，不孝就是不對，這便完了。中國人只有一個「對不對」，就是只講一個道理。西方人則你有個道理，他亦有個道理，而且又是同你的正相反對。你講自由，他講組織，西方人自己已沉浸在這樣一個社會裏，而苦於自己不知道。

今天已該進入一個大同時代，我們該把世界人類的思想理論來好好整理。當然我們還應該讀幾本中國書，把中國人幾千年來所講的道理作標準。不要儘講西方人道理。如講仁，反面就是叫不仁，不仁便是不道無理，不能與仁相對立。不像西方人理論，分則兩偏，合乃成一，都成為相反而對立。有是亦有非，有非亦有是。中國人所講則只有一面，可是這一面已包括了全體。你說自由也該仁，你說組織也該仁，你信宗教固該仁，你治科學亦該仁。發明原子彈縱是科學，也便是不仁。做生意也要信義，要仁，只講賺錢，便埋沒了良心。中國人說是為富不仁。沒有所謂自由資本主義。階級鬥爭也是不仁，沒有所謂共產主義。

我今天講這些話，將使諸位一聽便笑為落伍，或疑其頑固。今天我們不能再講這一套，只要新名詞，新觀念，新理論，走上外國人的路。可是今天的外國正感到無路可走，除掉西方的，還有中國的，有此一套老家當，為何硬不拿出來，苦了自己，也苦了世界。

我們今天千萬不該只站在個人自由主義的立場來反共，更不該站在資本主義的立場來反共，這都反不了。諸位當知，左傾中間也有其一部分理由，並不是一面全是，一面全不是。我們要有一個大中至正之道，要求一個「和」。這也不像今天西方人講法。我們今天要反共復國，就該要打，不要和。和平與戰爭，不是兩面對立，乃是一個道理。該戰就戰，該和便和。我們該把一個大中至正的「常道」作張本。若儘追隨他人，今天姑息氣氛瀰漫全世界，我們又該怎樣呢？

共產黨只要鬥爭，不講和平，毛澤東、蘇維埃都如此，其實這也是西方頭腦，西方文化。只有中國人能平心靜氣，有此聰明，來斟酌，來判斷。所以我說中國文化是「中和型」的，西方文化是「偏反型」的。諸位不要認為中和就沒有了力量，沒有了鬥爭。照中國人道理來講政治，一定是大政治家。照中國人道理來講軍事，一定是大軍事家。照中國人道理來講教育，一定是大教育家。現在我們則只學西方人，各人有一套，卻都不是大道理，相互配合不起。年輕人處在這複雜紛亂的情形下，索性去做嬉痞，吃大麻。我想西方社會，至少再要大變，要變上一條路，至少要十年吧，恐怕還不夠。我們該要自本自立，不能儘跟着別人跑。今天在全世界中最安頓的是臺灣，嬉痞沒有，大麻不吃。但我們唯恐追不上西方人的路，這實是我們的錯。眞要一旦追上了西方，這許多花樣都會來。不要大陸來了共黨，此地又來了嬉痞，此實值得我們之警惕。

九　文化中的自然與世俗

一

今天講題是「文化中的自然與世俗」。這兩面，我們每天接觸到，一是天地大自然，一是我們人羣自身，就是這世俗。此兩大部分，乃是人類文化中兩大要素，也可說是人類文化中兩基層，兩礎石。人類文化就產生建立在這「自然」與「世俗」上。但也可說，世俗也即是自然。人在自然中生，在自然中死，整個的人生大羣，都只是自然中的一部分。沒有自然，就沒有人類。但我們還是可以分開來講，也可說人不完全是自然，人類文化，也不完全是自然。文化慢慢演進，文化越高，好像它脫離了自然越遠。但如西遊記上的孫行者，翻一觔斗十萬八千里，而翻不出如來佛的手掌。人類文化縱再進步，也逃不出自然範圍，還是不能違背自然。我們定要明白這一點。

文化是我們大羣集體的人生。這一大羣集體人生各方面結合累積，種種變化，我們稱之曰「文化」。但我們要明白，文化不即是世俗。大羣人生，三千五千年，三萬五萬年，也可說它只是一世俗，並不即可稱它是文化。在我們幾十萬年前有原始人，就有他們原始時代的世俗。現在世界上落後地區，落後民族，也各有他們的習俗生活。但嚴格言之，並不能說他們有文化。我們只說這些社會無文化可言，最多也只能說他們有的是原始文化。如此說來，原始人類乃及未開化落後地區的人類，有世俗，無文化。他們的世俗，則僅是一自然。人類文化，就從這些原始人，或自然人中間，慢慢開化進步而來。因此我們說，自然中間有人，人之相聚而居的生活，造成了一種世俗，這個世俗則只能說它是自然，不能說它是文化。文化不能違背自然，也不能脫離世俗。若果違背脫離了自然與世俗，此一文化也無可立足。「文化」是從這「自然」與「世俗」兩基層中建造起來。若使文化墜落，或是說此文化降低了或後退了，那即變成為回歸世俗，與回歸自然。

二

世俗包圍在大自然裏，面對四圍的自然，逐漸發明出兩項東西。一是「科學」，一是「宗教」。我此所謂科學，當然從原始的廣義的講。人類自懂得使用石器到銅器鐵器，皆是科學。人類自茹毛飲血到懂得烹飪熟食，也是科學。人類自穴居洞處，到建築房屋，也是科學。舟楫車輛之使用，種種是科學。科學是用來對付自然，便利人生的。

說到宗教，人類面對自然，最起先的是迷信，後來到有信仰，纔始有宗教。所謂宗教信仰，主要是信整個宇宙中一切有某一種超人的智慧與能力來創造，來支配。此一種智慧與才能之人格化，便是上帝。這是我們的信仰。但究竟這一個大自然是否有此最高的主宰，在計畫創造而管理，其證據又安在？越到科學一天天發達，越覺得這個信仰無把柄，豈不便也成了迷信。但迷信和信仰兩者間，究有一個分別。迷信是信一些外邊存在的東西，如一塊石頭，一棵樹，疑神疑鬼，疑它有某種能力與作為，這是迷信。信仰則如我們信有一個宇宙最高的主宰上帝。上帝亦像在外邊，但已內在化。人類的信仰，乃從人類自心向外發展，把人類自身外在化，而我此刻稱之曰內在化。亦可說是由內向外化。因此，迷信只是疑有物在外邊壓迫我，一塊大石，一棵大樹，都在人之外邊而它的勢力為人所不可防禦，而心生害怕。信仰則是從我們自己內心啟發，認為這整個宇宙不像是一塊石一棵樹般，零零碎碎，東一個、西一個，圍在人之外面，而有一個最高的上帝在主宰一切。人類有此一「信」，心神始得安定下來，懂得在宇宙間該如何自處，而始能從自己心裏產生出此種信仰來。因此今天的西方人，每認為一個民族，若僅有迷信，沒有信仰，就見他們的文化低淺。信仰就代表着人類文化發展向高深處，達於某一階段而產生。換言之，迷信沒有我自己，信仰則是有我自己在內的。如我信如此，我信如彼。耶教、回教所信各不同，要之其所信仰，乃是發生於他們各自的內部，而所信仰的，又恰與人類自身相類似。上帝是經過了人格化。所以說，人類從迷信到信仰，這是人類心智，一項力量之極大的進步。

但迷信也好，信仰也好，外邊總是一個大自然。此大自然中的一草一木，我可對之有迷信，此整個大自然，我可對之有信仰。從於人類之信仰，而使人類了解到宇宙之偉大，同時也使人類了解到自我之卑小，而發生一種謙恭之心，即謙虛和恭敬。人類的迷信，只見外面與自己之對立。人類之信仰，則見外面與自己之合一。人類在此合一之大全體裏面，雖愈覺卑小，但人類地位則大大提高了。

如我們進教堂，展拜上帝，自會興起一種謙恭心，卑小感。此和迷信不同，迷信對方，只是木石之類，使我害怕，但不會使我謙恭。一頭狗，一隻鷄，任何一動物，都知道有個己。鷄與狗，都可見人怕。或者鷄怕狗，狗怕鷄。但並不知道自己之卑小，也不知在這世界內，在這生命界裏，它自己的地位。人能感到自己地位卑小，他的心靈已經發展到很高境界。但如原始人，未開化的落後民族，他們也和其他動物差不多，知道有自己，亦知道有害怕，而不知道自己之卑小，因此也不懂得謙恭。謙恭是人類一種很高的心理狀態。文化愈高，教育愈進，人纔愈懂得自己卑小，而愈有一種謙恭心。而人的地位，則在此謙恭心中大大地提高了。

三

中國在先的文化傳統中可說是沒有宗教，但也有一套宗教情緒與宗教精神。詩經上說：「小心翼翼，以事上帝。」究竟有沒有上帝呢？看不見，摸不着，而中國古人也似乎沒有在此上認眞尋求，所以也沒有發展出一套具體的宗教來。但亦能小心翼翼，在那裏奉侍那上帝，這就是一種宗教情緒。我們傳統文化之可貴，也可說就在這個「小心翼翼」上。現在我們中國人講話，始終還是說你小心呀！對付外面一切，都要像對付上帝般小心。對父母、對皇帝，都有一個具體存在那裏，上帝看不見，摸不到，更高更遠，我們奉侍它，更不能和奉侍父母、皇帝相提並論，更要小心翼翼。這是一種宗教精神。我們可說，宗教便是崇拜大自然，但不是一草一木的崇拜，乃是對自然之整個崇拜，而崇拜到大自然中這個最高的主宰，上帝。這個大自然，都由這個上帝主宰安排。所以崇拜上帝，也即是崇拜自然。但宗教在另一方面卻是壓低了我們的世俗。我們人類之卑小，該要懂得謙虛恭敬。於是宗教的對象，一面是崇重自然，崇重上帝，另一面卻否定了我們世俗的價值。要我們出世離俗，重歸到大自然中去。

照耶穌教講，人類出生就帶着滿身的罪惡，那又是原始的罪惡，從未生前就犯上了，因而降謫在世。須經審判，或上天堂，或下地獄。整個人類最後還要有一個末日審判。所以人生從罪惡中來，要我們贖罪，來等待此世界之末日審判，那世俗則是必然要結束的。神父修女，男的不要娶，女的不要嫁，世俗人跑進禮拜堂，那時就該是一番出世離俗的心情。佛教要講擺脫輪廻，人生只在輪廻中，前世或是一狗，後世或是一豬，如是輪廻轉胎，永無休止。佛教教我們超脫，到達涅槃境界，那即是沒有了人生。這也是一個出世離俗。各宗教內容不同，但這大處都相同。宗教都看不起世俗都要「出世離俗」。在今天講來，都認為宗教這一種態度太過份了。今天人類的宗教情緒，也已淡之又淡了。在西方的中古時期，這是宗教最興旺的時期，但後人則稱之曰「黑暗時期」。自有文藝復興，由靈返肉，從看重靈魂生活再回到肉體生活。從天堂信仰再回到日常世俗。從前教堂沒有許多窗，只有上面一線天光，這即象徵了上帝。但到文藝復興後，教堂四面皆窗，窗外望去，只是世俗。若眞信宗教，要修道，實不該有這許多窗，讓你眼睛望外面。外面世俗要不得，那有可望。人該擺脫世俗生活，纔能回到靈魂生活。但文藝復興以後，中古時期的宗教人生，一變而為現代的工商人生，科學乘時崛起。今天的世界，是工商業科學的世界了。人類能跑上月球，和中古時代關閉在教堂裏的生活，大不相同。今且問科學人生和宗教人生雙方背道而馳，其間究竟有沒有一個人生之「中道」。這就得說回到我們中國的傳統文化來。

其實據科學所講，我們今天所了解的自然，眞是一個很小的小自然，並不是個大自然。而且科學的最後，也還要順應自然，並不能反抗，更不能戰勝自然。人上月球去，固是科學上的大進步。但我們這個太陽系便有十個大行星，地球僅是中間一個，月亮只是附屬於地球的一小點。太陽系以外還有大的星河，不曉得擁有幾千幾萬個太陽。我們所看見的星河，又僅是天上一個小的星雲集團，不曉得還有幾千幾萬個大的星雲集團在天上。人生在自然中，如此渺小，眞是無法講。但人類慢慢兒了解自然，而一方面又變成看輕了這個自然。而且另一方面卻又看重了我們這個世俗。我們變成來導奬世俗，慾望一天天提高，認為只拿我們人類的智慧與科學便可戰勝自然，要怎樣便怎樣，不想人自身就是個自然。要把人間的科學來戰勝自然，那眞是我們人類的一種自大狂。上一個世紀講科學的都如此，這一世紀稍稍好些，然而人類的謙恭心與卑小感則已失掉了。宗教崇拜自然，看輕世俗，固有它的缺點，也有它的長處。今天抬高世俗，來看輕自然，恐怕和宗教至少已犯了一種相異而又相同的缺點，或許這面的缺點會更重大，更危險。

今天人類，自謂獲得了好多新知識、新能力，但失掉了一個自己之「卑小感」。於是對人、對物、對世界、對宇宙，都沒有一種「謙恭心」。既不謙虛，又不恭敬。只看當前各人家裏的小孩，都不懂自己的卑小，也不能絲毫保留得謙恭心。小孩如此，大人更甚。科學宗教正處在一個相反的地位，科學一天天發達，宗教就一天天落後。今天的人類則僅憑着自己一點聰明與方法和技術，而目空一切。進步呀進步，但不知要進到那裏去。文化固不是純宗教的，純宗教固是有毛病；但文化也不是純科學的，純科學一樣有毛病。我們既要宗教，又要科學，而兩者又是對立不並存。稍懂一些天文學和生物學，便不能信創世紀。信仰淡了，上帝迷失。於是遂成為世俗至上。只有中國文化傳統，可說有兩者之利而無兩者之害。中國人也崇拜自然，崇拜天地，也懂得人之卑小，怕比西方信宗教的，更還有一番更深切的謙恭心。縱說中國人沒有宗教信仰，但對宇宙有一種理性上的認識。知道天地之偉大，又有一種「報本返始」之心。知道人從何處來，從父母來，從大自然來。敬天尊祖，極「謙恭」，報本返始，極「敦厚」。不是講交道，衡量利害，只是一番感恩圖報的誠摯心情。

中國人拜祖先，但並不信有祖先之鬼。向來的中國人，從沒有用過力來證明人死後有鬼。中國人也從沒有來具體證明有上帝創造世界。中國人並不講這些，所以今天的科學，可以推翻宗教講法，卻不能推翻中國人所講究的人類內心那一種感恩戴德而又不忘自己卑小的謙恭心。西方宗教不免要排拒科學，如天文學、生物學，開始都受宗教排斥，只苦排斥不掉。科學也在排拒宗教，科學力量上升，宗教力量下掉。但中國社會則並不排拒宗教。中國人講孔孟儒家，自有一套，但佛教來中國，耶教回教來中國，中國人都可信。而又在同一社會上可以不相吵架，沒有宗教戰爭。

中國古人講正德、利用、厚生。「利用」正如今天西方講科學，「厚生」正如今天西方講經濟，但中國人還要在這上面講「正德」。中國人認為「天地大德曰生」，一草一木之生長，都是天地之大德，所以我們要感恩戴德。天地有德，所以人生也有德，我們的德，即從天地之德來。所以我們要正德。又說「開物成務」，一件東西展開出來可以成很多事，「開物」是為要「成務」。如電是一物，展開出來，電燈、電話、電視成了許多務。所以又說，人要能「贊天地之化育」，人與天地合稱為「三才」。諸位如多讀幾本中國古書，便知遠在兩千年前，中國古人早已好像在為現代科學講了好多的話。

如開物成務、利用厚生、贊天地化育等，都不失為現代科學上最完滿最崇高的宗旨。但中國人同時又有一種宗教情緒，從來不看重世俗。要成務厚生，這和我們的世俗不同。中國古人只說要匡世正俗，要把此世俗加上一個範圍，立下一個規矩。固不要遺世逃俗，但世俗總是靠不住。要「匡」要「正」，要加之以「教」，這就如宗教之教。科學則只成為一種學，不是一種教。今天的世界，正苦於有學而無教。如學造一輛汽車，學開一輛汽車，都得學。但學到了，再不受教，坐上汽車往那條路上跑，這是各人自由，別人管不得。我們今天的科學，變成為跟隨在世俗背後來幫忙，今天則是一個世俗至上的世界。

四

諸位初聽我講「世俗」二字，或許覺得奇怪。因為接受了新思想的人，只說社會，不說世俗了。中國人一向稱世俗，並對世俗有看輕之意，此處很接近西方的宗教。中國人喜講三大分辨：

一、是義利之辨。不講有利無利，只講合於義與不合於義。世俗只懂講利，文化到了高處才懂講「義」。中國古人說，「義者利之和」。兩利、羣利，利與利得以相調和，不衝突，便是義。今天工商社會只為爭利，並不能因利而得「和」。

二、是人禽之辨。孟子說：「人之異於禽獸者幾希。」人也就是自然界中的生物，人同禽獸可以大部相似，只有極少幾希處不同。即如上面講，人懂得自己卑小，禽獸不懂。人有謙恭之心，禽獸沒有。在人可以有「教」，在禽獸只有學。如家養一狗，養一馬，都能學，但不能有教。須是懂得敬天畏天，小心翼翼，纔有教。今天則敬天敬祖反而稱曰不科學。又如禽獸皆知有愛，只人類愛外又知「敬」。人類中可敬的人常在少數，而世俗則要講多數。每一人都平等，投票舉手，一樣價值。此等只在政治上講。天地之大，那與你來平等。專就人講，死人比活人多，但他們不能和活人爭投票。活人只講現世現代，但現世現代並不是人類進步的最高點，或最終點。世俗講平等外，又要講獨立、自由、博愛。愛一狗，愛一貓，沒有敬，一樣的有愛。「敬」字則只在宗教裏有，科學裏也沒有。不敬，就不受教。今天的小孩子，對父母懂得有一點愛已很好，敬則再不提。但小孩也不能向家庭社會爭自由，爭獨立。這些都在政治場合中用，但不能成為人生大道向人設教。今天的青年，只想上學，由小學而中學而大學，而出國留學。越上越不受教，大學生看不起中學先生，中學生看不起小學先生，外國留學，就便看不起父母，看不起祖國。但這些也只是世俗，不足舉此為教。

三、是理欲之辨。所謂「天理」「人欲」，人欲須去，天理須存。

現在則又是世俗至上，不再講究此等分辨。換言之，乃是人欲至上。又是人人自由獨立平等。我要，即就是我的理，你就沒話講。但今天世俗所要究是什麼呢？第一要富，這不用講。第二要強，因由強乃得富。第三要爭，因富強無標準，只由比較而來。富上更有富，強上更有強。於是乎我們要力爭上流，富了更求富，強了更求強，由好爭而好鬥，於是乎好殺。

最近有兩個世界拳王比賽，場裏坐着看的兩萬人，在電視裏看的三億人。一場比賽，共化三億美金，而每一拳王則各得二百五十萬，每一秒鐘各得五百美金。在會場上看鬥的，兩個人心臟病發，立刻死去。在電視上看的，有三個人也由心臟病而死。試問此等事，意義何在，人生就該是這樣的嗎？人和人比賽之外，又教馬與馬比賽。一九七〇年，美國全國共有四萬九千七百二十四匹馬參加了比賽。消息既靈通，統計也詳密。但賽馬究也是一種賭博，可以賺錢，可以發財。其實這些都只是世俗。現代科學則為虎添翼。那裏說得上是人生。

除卻好富、好強、好爭、好鬥、好殺之外，還有一樣是好色。男人好女色，女人也好男色。說這是人性。難道人性就是這樣嗎？中國世俗算得最簡淡，只在家裏打麻雀。若把中國文化傳統裏的陳舊古話來講，今天一切世俗，竟全是人欲横流，只成禽獸。再要就此再往前，再進步，難道這也是人生天理嗎？諸位只說今天是科學社會，工商業社會。其實這只是加速地回歸世俗，回歸自然。世俗與自然只要有教，也都不算是壞，但現在則變成世俗至上，人欲至上，那就無話可講。

五

今天只在提倡科學，但科學也已世俗化。科學只教人「學」，並沒有「教」。明白言之，科學不能代替了宗教。宗教要教人一番道理，一番人生的大道與眞理。要教人類覺得自己卑小，要懂謙恭。若使眞感覺到自己在世界上之地位卑小，能謙恭存心，那麼我們也自然沒有這許多欲望。今天我們只懂羨慕外國人，反說要提倡人欲，有了欲望才能發展，有進步。欲望也是自然而有。好鬥、好色，都從欲望中來，宗教則教人勿好鬥、勿好色，戒殺戒淫，這是宗教中的共同教律。要教人能覺到自己地位卑小。小孩在家裏能懂得他地位卑小，他自不敢有主張，有發言權，要這樣要那樣。

今天的世俗，則要教人平等自由，不把這些教小孩子，將來會一輩子吃虧。這是新式的理想教育嗎？其實只是教放縱。學些本領，可以滿足欲望，那實是可怕。滿肚子的欲望，而再加上某些本領，更可怕。由小學而中學而大學，而外國留學，其實是有大欲存焉，那不糟嗎？

諸位不要太樂觀，從前的羅馬帝國，是怎樣垮了的。前天的大英帝國，國旗遍於世界，比從前的羅馬帝國更過了頭。但今天呢？我們該讀歷史，懂得些教訓，不要專看現代。歷史初起，人類是很卑小的，本無什麼了不起。但要懂得謙恭。中國人只為看重歷史教訓，四千年到今天。中國古人，常要講一套「正德」之學，「盡性」之學。人類在今天，並不是已到了人生最高境界。我們該有大仁、大智、大勇。

仁暫不講，且講智。須能懂得人類地位之卑小，懂得謙恭，不要爭。孔子說：「君子無所爭。」不僅孔子如此講，老子、中庸、易經都懂得講。人要「謹小慎微」，一點小地方都要當心要敬，要教人小心。從教人「不敢」而到「無欲」，這有一個大道在那裏，這是天命令着我們，不能違背它。這須我們有最高智慧才能懂得。懂得了這些，纔有一條路向前，那時我們就該有大勇。這是中國人一套，它要比其他宗教更開明，更切實。

有人說：中國人最現實，也是不錯。中國人沒有像其他宗教般連把人世界也看輕了。中國人懂得看重「人世」，只不提倡人欲，而好講天理。諸位是軍人，該提倡大勇，負責任，肯擔當。可是大勇後面，還是要謹小慎微。諸葛孔明說：「先帝知臣謹慎，故臨崩寄臣以大事。」諸位若能如此處世，也只有也絕不會吃虧。不好富、不好強、不好爭、不好色、不放縱一切的人欲。今天要我們救自己，也只有我們自己這一套。大家這樣，自能救國家救民族，將來還把以救世界。我今天只拿這個意思來貢獻給諸位，也因諸位的處境，應該最能完整保留着中國這一套，所以救國救世，還是要在我們軍人的身上。

十　文化中的積累與開新

一

今天講題是「文化中的積累與開新」。

一個英國學者講過，人類文化就是外面有「刺激」，而人類加之以「反應」。所以文化定都從外面有刺激起，他又用「挑戰」二字來稱刺激。我們對外面的挑戰發生反應，其實也不是人類文化如此，一切自然現象都如此。講到有生命的植物動物，都是由外面刺激，而內部反應。如說草木，氣候變了，葉子黃了掉下，明年春天再發新葉，那是適應氣候挑戰的一種反應，落葉反可減輕負擔，保全生機。動物中有許多昆蟲，一到冬天就蟄居地下，明年春天再爬出，這也是外面刺激內部反應。有許多鳥定時從南方飛北方，北方飛南方，這稱候鳥。都是外面刺激，內部反應。

人類更是外面不斷有刺激來對我們挑戰，而我們則不斷的反應。這情形很平常。外面刺激不會斷，每一刺激就是一新挑戰，前一刺激過了，後一刺激又來，我們的反應也會變成全新的，但也易到一個停滯的狀態。這不是說沒有刺激，只是老這樣刺激，我們就老這樣反應，反應就遲鈍了。就如樹木，秋天葉落，春天長新葉。蟲豸冬天蟄居，春天爬出。常是如此般刺激與反應，就到達了一個固定的境界。刺激，反應，有反覆，而無變化，總是這樣子。人類文化亦有到達一個無變化的停滯狀態的，那就是不進步。直到今天，這個世界上，還有原始社會，或說是落後地區，同是人類，同是經歷了幾十萬年，可是他們永遠這樣刺激這樣反應，就在一停滯狀態下沒有進步。

為什麼外邊有刺激，內部就會有反應？那是要滿足我們的需要。我們生命中有需要，需要可以獲得滿足，但真到了滿足的狀態下，也就不會有進步。如飲食，在人生中是最重要的，但也是最不重要的。一天三頓，天天這樣吃，幾百幾千年來就是這樣。肚子餓，是一個刺激；吃東西，是一個反應，可是沒有儘多的新花樣出來。如穿衣，冬天加厚，夏天減薄，也是這樣，沒有什麼大變化。有了一所房子，一輩子可以住，祖孫三代都可住。幾百年傳下，也極普通。所以衣、食、住是人生中最需要的，又該看成是人生中最不重要，甚至於沒有意義的。人類文化進步，變成為不是專求吃、專求穿、專求住。那纔是高度文化，吃得好一點同不好一點沒有很大的分別。我們需要不斷地有新刺激、新挑戰，這樣纔有新反應，文化纔能不斷地有新進展。這一層，諸位都可明白。

人類文化經受外面挑戰刺激，最複雜、最多變，那麼人的反應也自然最活潑、最新鮮，這種文化纔是最有意義、最有價值的。所以我們不要怕外面的挑戰和刺激，我們應求能有更多刺激，纔能有更多的「變」和「進」。如此講來，只有中國文化所受刺激最多，而我們的反應也最複雜，更是不斷的有新鮮反應，中國文化的價值，就在這裏。此層講來很簡單。如講天時氣候，中國地居北溫帶，直從蒙古高原大沙漠，一路往南，到了廣東、福建，亞熱帶地區，中國人所受天時的刺激，天時所加於我們的挑戰，那是很複雜的。歐洲人如希臘、羅馬，都在歐洲南部，只是一種氣候，很簡單。到了中部，英、法、德諸國，也可說在同一氣候中。到了俄國，最寒冷，可是各自在一個固定的單一的氣候中。若合起來講，一個歐洲等於如一個中國，但分開來講，歐洲有許多國家，他們各國所受到天時的刺激都是單調的。希臘、羅馬、英、法、德、蘇都一樣。所以他們關於氣候的刺激方面，易於到達一個停頓的狀態。積久便等於無刺激，沒有中國般的複雜。

二

講到地理山川，中國是一個大一統的國家，疆土廣大，從蒙古高原直到廣東、福建沿海，乃至臺灣、瓊州島。不如歐洲一個希臘，只在一半島上。羅馬開始只是一個羅馬城，後來擴大了，也不過在一個意大利半島上。以後再擴大，變成羅馬帝國，征服了外面希臘人、埃及人、中亞細亞人、非洲北部，乃及英國、法國等，但羅馬人本身，還是限在羅馬一個小疆域之內。所謂歐洲現代國家，英、法、德、意，每一國不過像中國一省大。最大的超不過我們一個四川省，小的還不到我們一個江蘇、浙江省。國家小，所受地面上的刺激也簡單狹小，沒有大變化。這樣一來，每一國家不斷在一種單純的刺激之下，他們會慢慢的固執自滿。英國人認為英國對，意大利人認為意大利對，各自滿足而固執，正為他們所受刺激和我們不同。如說巴爾幹半島的一條多瑙河，經過德、法兩國的一條萊因河，那裏能和中國長江、黃河相比。然而一條多瑙河，從上流到下流，已經有了好多國家。一條萊因河兩岸，也就不是一個國家。講到山，如說阿爾卑斯山，從法國跨過這山到意大利，拿破崙的軍隊經過這山，說「我不覺得字典上有一個『難』字」，成為歐洲人一句名言。但阿爾卑斯山那裏能和中國的太行山相比。又如中國南嶺山脈，兩廣、福建都在其南，那裏像一個意大利半島。所以歐洲諸國都是封閉在一個小疆域之內，土地狹小，老在這一個狹小的國土內，就造成了他們的狹小心胸。他們的刺激老是如此，他們的反應也就老是如此。

三

天時地理以外，再講到人事、歷史。中國歷史長，西方各國歷史短。我曾講過，中國文化是長命的，西方文化是短命的。今天再從今天的題目來看，希臘固是了不得，可是希臘亡了，它的歷史也就斷了。羅馬人起來，但羅馬並不是接着希臘人的歷史經驗而來，羅馬是另一段歷史了。羅馬亡了，到中古時期，也不就是接着羅馬的歷史。由中古時期變成現代國家，中古時期的歷史是斷了，現代歐洲也不即是接着中古時期下來的。中國從春秋到今天兩千幾百年，歐洲從希臘到今天也是兩千幾百年。但我們的兩千幾百年是一線相承，他們的兩千幾百年是時斷時續。這一段歷史斷了，另一段歷史起來。他們把這許多段歷史拼搭在一起而成為一部「西洋史」。古代西洋史只有希臘人，只在這個希臘半島上。後來的西洋史有羅馬人，有北方蠻族。不僅舞臺上的戲目變了，脚色變了。而且連舞臺也變了。中國歷史，直從春秋到今天，是部大本戲。只由中國人作脚色，在中國舞臺上演，這是雙方一個大不同。

人從嬰孩幼稚期，逐步刺激反應，有了知識經驗。孔子說，「三十而立」，那時纔可以站得住，當大任。因是經驗豐了。歷史就是人生的經驗，後人接受着前人的教訓。西方歷史短，希臘、羅馬、中古時期、現代國家，一口氣讀下不覺得，但只是幾部歷史拼湊起來。若分別講英國、法國史，最多也沒有一千年。意大利、德國更短，最多沒有兩百年。蘇維埃只有幾十年，即連帝俄時代也不過幾百年。歷史短，經驗就淺。

我今天的題目，用了「積累」二字。他們的文化，就是沒有積累。前人的歷史，同後人不相干。希臘人亡了，羅馬人不管，羅馬歷史還是從頭起。羅馬人亡了，現代歐洲人不管，歷史還得從頭起。他們的帝國主義就是學的羅馬，但只能說受了羅馬歷史的影響，沒有受到羅馬歷史的教訓。所以沒有羅馬人當時這一番痛苦經驗，英、法、德、意諸國拚命要發展向外，他們腦子裏有個羅馬，但只受了羅馬的一種歆動，沒有能因於羅馬而自加警惕。今天的西方國家，換一面講，實際都是小國寡民。他們講民主政治，那是學的希臘。實際羅馬也是一個小國寡民，只限在一個羅馬城到一個意大利半島。後來大英帝國國旗遍及全世界，實際也只是英倫三島，並亦內部互不和洽。他們向外學羅馬，裏面學希臘，但亦都沒有受到希臘、羅馬歷史的教訓。今天的西歐人，蘇維埃大敵在前，但他們心胸狹小固執而滿足，連一個共同市場，也只有六個國家，英國要加入，受拒絕。直到今天纔獲加入，但在英國內部，也還有反對。若論科學發明，一輛火車，不到幾點鐘，就可跑幾個國。飛機更快。但西歐國家，終不能和衷共濟，擴成一個大國。近代中國人，縱然一意崇拜他們，但平心論之，他們對於所謂「人文」知識，如何的修身、齊家、治國、平天下，實在也是膚淺，在事實表現上無可否認。

自由、平等、獨立、博愛諸名詞，今天我們中國人聽着，都像是天上地下獨一無二，最偉大的教訓。但試問，一個小孩子生下，他便能自由獨立嗎？他又能和他父母兄長平等嗎？至少這些道理，在小孩時講不得。又如他們的民主政治，崇尚自由，遇到共產集團也就無法講，只說這是他們的自由。可見這自由的道理，在他們實是講不通。今天因我們正碰到了新刺激，共黨盤據大陸，我在此批評西方，諸位或許也會聽。

四

我說西方人講道理是狹小淺薄的，因他們的文化刺激有限。我已分着三方面講，一是天時氣候，一是地理山川，一是人文歷史。他們的文化，都是狹小。我們則是一個大一統的國家，有七億人口，有五千年一貫下來的歷史。所以說我們的文化，積累深厚。他們只是過路拆橋，從這邊跑過那邊，中間那座橋就拆了。諸位看西方歷史，不是如此嗎？羅馬帝國在這端，希臘在那端，只不見中間這頂橋。現代國家在這端，羅馬帝國在那端，中間這頂橋也不見。我年輕時聽說英國、法國，認為將永遠隆盛無休止，但現在呢？前面大路上，只見美國和蘇維埃，美蘇在這端，英法在那端，中間那座橋也不見了。美國還是另起鑪竈，不是英法之除舊布新。

我們從前認為以前的歐洲歷史，到了英國、法國，開出了新樣。現在證明，英法還是同從前的歐洲歷史一般，其興也驟，其衰也速，我們說歐洲文化多變，這是對了。然而有轉換，不是有累積。只是飜出來，不是堆起來。我請問，人的生命，豈能年輕時一個，到中年又換一個，老年又換一個，生命則只是積累而成。我們當前的生命，乃是從生以來所積累。中國民族文化的生命，則是從黃帝、堯、舜以來所積累。諸位儘讚揚西方人，看他們一番換一番，一個換一個，何等飜騰，諸位說這是進步。但從今天看，豈能定說美國人比英國、法國人進步了。或許美國人會更狹小、更固執、更自滿。

從現代的西方歷史看，只有他們的物質方面，則確是由積累而進步了。若論人文方面，他們的歷史總是接枝生長，像一棵樹接在別一棵樹上。又如我們說借屍還魂，這個靈魂跑到別個身體裏邊去。希臘人、羅馬人借屍還魂，跑進法國、英國人身體裏邊去，再跑進美國、蘇維埃的身體裏邊去。也可說他們是一種短距離賽跑，中國則是長距離賽跑。他們是接力跑，希臘換羅馬，羅馬換英法，英法換美蘇，不斷有新的力量接上。中國人在長距離上只是一人跑，五千年跑到今天，還在那裏跑，似乎有些疲乏，那是免不了的。此處正見中國歷史文化之偉大。由四五千年之積累中，不斷開新。在他們是拆舊新建。在我們是舊裏開新。經歷春秋戰國、秦漢、三國兩晉、南北朝、隋唐、五代宋遼金元、明清各代，而有我們的中華民國。還是中國人與中國，還是一部中國歷史，還是一個老的根，永遠在那裏發新芽。這種生命力是偉大的。諸位不要儘看輕自己，中國人和中國歷史，並不簡單，廣大深厚，以有今日。但我們卻起了一個極錯誤的新觀點，不懂得自己已往的歷史文化也罷，又只要鈔襲追隨西方，必把自己一套一掃空之而後快，那不是自尋絕路嗎？然而我們則羣認以為是新思想，是新潮流。則亦無怪有毛澤東之崛起。他想建立一個馬、恩、列、史、毛的新傳統，但從馬克斯到今天，也只一百年，列寧到今天五十年，而要把我們自己文化傳統腰斬了，那裏有如此省力事。

五

今天我們在臺灣，又有人來講臺灣獨立，由中國人自己來支解中國。這裏割一塊，那裏割一塊，他們心裏或許是要學美國，美國人多數是英國人，但他們獨立成了一美國。講臺灣獨立的，也不是不自認為中國人，但美國人能獨立，我們為什麼不能？但若撇開了美國來講中國自己傳統，臺灣人大部分來自潮州漳州，閩南人、廣東人、廣東客家人，跑到此地來，就是今天我們臺灣人。但推上去，廣東福建人又從那裏來，大部分還是由中原的中國人遷徙而來。我們只看各省各地的地方志，廣東、福建省志，潮州漳州等府志，乃及一縣一縣的志，今天在臺灣，如中央圖書館、故宮博物院、中央研究院、臺灣圖書館、臺北市立圖書館，各處所藏志書還不少。志書外，還有各家家譜，有一位臺灣小姐，在青年戰士報有一篇長篇連載，把中國百家姓，一姓一姓分述，臺灣姓張、姓王、姓趙、姓李的，他們都是大陸來。他書名五百年前是一家。這是我們中國人觀念。但這個家越來越大，從中原而到閩廣，又從閩廣而到臺灣，從臺灣南部到北部。倘使講到五百年前的話，五百年前那有一個美國？五百年前的英國又是什麼樣子？我們這些姓，大概都是兩千年三千年積累在那裏。中國家族和中國人，可說是經過文化淘洗的血統。中國和中國文化，可說是由血統凝結的文化。西方歷史像是一種輸血，希臘、羅馬人的血，輸進了英國、法國人身中。英國、法國人又在輸血，美國是受他們輸血的。這裏雙方究當有些不同。所以在中國歷史裏，廣東、福建人，不鬧廣東、福建獨立。雲南人也都從大陸去，抗戰時我們跑到雲南，雲南人總喜歡說他們是南京人，也沒有鬧雲南獨立。大批山東人、河北人遷徙到東北九省，也不鬧東北獨立。我們在對日抗戰前後，乃有所謂滿洲國獨立。外國人不了解中國，還認為滿洲人自該獨立一滿洲國。當時的國際聯盟還派了代表來調查，他們縱使了解這事實背後就有日本人操縱，這是一國際間的陰謀，但滿洲獨立，仍像可有此一說。今天又有人要來鬧臺灣獨立，不是和那時的滿洲國獨立如出一轍嗎？

再說臺灣有沒有獨立過呢？在歷史上，臺灣是有過獨立的。鄭成功到臺灣，就是臺灣獨立。那時有大批中國人跟隨同來，今天我們臺灣同胞的祖宗，跟着鄭成功來鬧獨立運動的應很不少，這些都是愛國之士。滿洲人打進中國來，這是中國歷史上一個新刺激。中國人跑到臺灣獨立，便是中國民族一個新反應。鄭成功的臺灣獨立，只是不受大陸滿清統治，在此獨立，還要打回中國老家去。

第二次臺灣獨立，那就是滿清政府把臺灣割讓給日本，臺灣同胞不肯，不願接受日本人統治，當時就選一個大總統唐景崧，他是大陸人，不是臺灣人。那時臺灣同胞就推舉他做大總統，可見那時的獨立，不是要對大陸獨立，乃是要對日本獨立。但並不能抵禦日本的力量，這個獨立就如曇花一現，不存在了。今天的我們，實在也是臺灣獨立呀！中國大陸變成了共產統治，政府遷來臺灣，要繼續反共，於是有金門大戰爭，這不是我們又在幹臺灣獨立嗎？我們這個獨立，也還是要打回大陸去。我們不能儘來學西方，該學的是他們的科學，科學沒有國界，和人文歷史不同。從前的人文歷史不能抹殺重寫，不能把中國歷史接上西洋。諸位又說，今天是工商業時代，是人類登陸月球的時代了，我們不該再要舊的，只要新的。講科學，在物質文明方面，這話是不錯。但講人文歷史，中國還是中國，西方還是西方。西方人也沒有說，今天登陸月球可不再讀希臘羅馬史，他們的歷史，還是他們的歷史。中國也一般。

我們不能學毛澤東闖大禍，要把中國祖宗積累一刀切斷，在這邊是切不斷，在那邊又接不上。倘使我們今天臺灣獨立了，我請問，臺灣要不要有歷史呢？國於天地間，總該要有歷史，但這部歷史又將如何寫？說我們革命了、獨立了，但我們由那裏來，我們的祖宗在臺灣住了多少時，總要往上推，說到鄭成功，說到唐景崧。不能說今天臺灣獨立，就從今天起，臺灣選了一新總統。但他怎樣成人，受過什麼教育？不能只說他曾從美國、日本留學來。我們不能把中國歷史一刀切斷，不能把中國文化棄置不問，不能說沒有家屬祖先，只是別人家一個收養的寄兒子求獨立。

中國是一個大一統的民族和國家，這與西方不同。西方如荷蘭、比利時、西班牙、葡萄牙、英格蘭、愛爾蘭，他們要分割得一小塊一小塊，才肯甘心罷休。我們中國，倘使把歷史切斷，把疆域分裂，中國人還是中國人，心和性不能立刻變。剛才我一路講來，刺激、反應、經驗，都直從人的心性深處講。心性人各不同，第一天從母親肚子一聲哭下地來，不斷地受外面刺激而裏面生反應，慢慢地認識這是父親、是母親，這是我的家。人各如此，年齡大了，說要調換我另作別一人，豈非天下奇談。人生由積累而來，文化亦由積累而來，不斷刺激反應，積成經驗，而後存在有他這一個人。我們自可學得別人家一點知識，但不能把別人家心來換成我的心。

美國人當時獨立，諸位應讀美國歷史，了解當時美國人的心。他們有他們的歷史和他們的心，我們不能學。現在醫學上有一種換心術，但最近報上又很少講了，大概沒有得到滿意的成績吧。這只是換一個血肉之心，這是醫學上的事，如何能把一個人，一輩子繼續積累下來的經驗，一個民族幾千年積累下來的文化，換一換，這事恐不易。

臺灣同胞又各有臺灣同胞的明天。五千年歷史到今天，臺灣人就是中國人，一刀兩斷，不承認，要獨立自成一國，把我們祖宗積累下來幾千年血統和幾千年文化全部勾銷，但這決不是開新。今天我的題目是講「積累與開新」，正因中國人最能開新，所以能五千年到今天。西方人容易走上一條停滯的路，遲鈍下來，下邊沒有新花樣，所以他們的歷史多轉換，少開新，變化是有，但不就是進步，這層須細辨。

六

倘使今天我們臺灣獨立，眞是開了一個新，我請問明天的臺灣，要不要有學校教育來教小孩子，還是教讀中國文，還是教讀日本文、英文？還是學荷蘭人跑到臺灣來創羅馬字拼音？第一個教育問題就是個大問題。我們要開新，不是說今天換一面旗，換幾個做官人，就可一路下去。豈不是完全為西方人幾個字迷了，覺得「獨立」二字很光榮。當知我們中國的歷史文化，是一種廣大深厚的「積累」。孫中山先生講堯、舜、禹、湯、文、武、周公，一路積來，才有我們今天。我們今天此地的當然又受了新刺激，下面就該有新反應，卻不是模倣鈔襲。

中國文化精神最偉大處，在能「調和」。廣東、福建人講話互相聽不懂，氣候還是有不同，地理當然又不同，但同是中國人。遠到東北、西北，只要中國人碰在一塊，都還是中國人。中國人最偉大的，就在能調和，不在能分裂。英國人建立了一個偉大的大英帝國，今天四分五裂，變成美國、澳洲、加拿大、南非人，各自獨立。中國人跑進新疆土，還是舊傳統。臺灣經過了五十年日本統治，這五十年來的日本人極用心地做了一種隔離工作，要臺灣人不再是中國人。到頭顯是不可能。廣東、福建人不僅到臺灣，也到美國，到南洋各地，有好幾千萬人在外邊。我也到過新加坡、馬來亞、泰國，中國人還是中國人。臺灣更是十分之十的保留了中國傳統，今天要把臺灣和中國隔離，這像僅是一政治問題。有人要說兩個中國，明明是兩國政府，兩個政權，兩種主義，可是同還是中國人，同此一文化傳統。任何隔離，只是一暫時性。我們要認識中國人之所以為中國人者，重要乃在其文化上。別一文化中的人不知，他們來講臺灣獨立，那也無可怪。

若使臺灣果獨立了，語言文字還是依然，姓名氏族還是依然，若說專為政治獨立，有人存心利用，可不論，當知臺灣人不能向中國人獨立。怕是隔了一千年，也不能重新創造出一個臺灣民族，獨立的臺灣人來。所以有人要說，臺灣獨立，結果只是使臺灣變成「託管」。最易派來託管的，就是日本人，在背後支撐的就是美國人。但雖受了託，還是管不下。主要就在臺灣人的血統裏，既是有了幾千年的文化傳統，另一民族不易來管。管到最後，還是送回中國。到那時，高唱獨立的，豈不可恥可笑？極幼稚、極荒唐。那能和鄭成功、唐景崧相比。打開天窗說亮話，那些人，仍不過是近百年來的中國人想法，要把中國文化切斷，來跟着外國跑。當知近代這一百年來的中國人，正和今天鬧臺灣獨立一樣，同是可恥可笑，同是幼稚荒唐。近百年來的中國人，只在想把自己丟在一旁，模倣鈔襲外國，而認為是新時代的摩登的新潮流新運動，而他們則自居為是領導此一運動之新人物。所以我們中華民國六十年來，成為如此般的情形。毛澤東要學列寧、史太林，不曉得他學不成。今天臺獨分子要學美國華盛頓，這和我們一百年來大批的知識分子、大批的青年們的思想理論，同在要引導大家走上一條錯路。我們也不必專怪着他們。最近蔣公起來提倡復興文化，這是我們以下的百年大計，千年大計，我們每一個人都要有責任來研究「怎樣復興之道」。我們這一文化的潛在力量，將終於不可抗。若我們今天嘴裏講我是一個中國人，心裏也明明想我是一個中國人，而我們的知識理想則都想學外國，謂他人父已要不得，何況是謂他人我呢？

我們要開新，要開出今天以後的新中國，但同時也不能忘舊，忘了昨天的中國。我要做一個新時代的中國人，同時也要了解舊時代的中國人究是怎麼一個樣子。這裏需要一種極大的學問。將來有人能來發揚其義，講到大家明白我們中國人之「所以為中國人者」，究在那裏，那麼這個人便是將來中國的大聖人。我們若要開新，要由這樣一個人來講。至於遇到了新刺激，如何來作新反應，那猶是第二義。

附錄　講辭大綱

宇宙萬象莫不由外面四圍之刺戟而產生內部本身之反應，雲行水流，自然現象如此。草木經秋黃落，春來重發。動物有冬蟄，有隨時令季節而遷徙。人生亦莫不然。

人類文化乃由外面不斷有「刺戟」有「挑戰」，而需不斷有「反應」與「對付」。但到某一階段，刺戟挑戰與反應對付皆陷入停滯狀態，即陷入一固定之境，只是反復，而無變化，文化即不再前進。

對外之反應與對付，乃求內部自身之滿足，但滿足即停滯不再有進步。

故人類文化須求不斷有新刺戟，須求不斷於舊反應上得滿足，乃可有新反應。

經受外來刺戟挑戰，最複雜、再多變，莫過於中國。

一　天時氣候方面

中國雖在北溫帶，但北自蒙古高原沙漠地帶，南下經黃河、長江到珠江、閩江、瀾滄江等亞熱地帶，種種刺戟與挑戰各不同。

歐洲人如希臘、羅馬只限於南方某一氣候中，英、法、德諸邦，又在另一氣候中，蘇維埃又在另一氣候中。

合而論之，歐洲亦如一中國，但歐洲各別成國。分而言之，其所受之刺戟與挑戰皆極簡單，易陷入停滯狀態中。

二　地理山川方面

亦如天時氣候，中國是一個大一統的廣土大國。

希臘只在一半島上。

羅馬開始只是一羅馬城，繼之擴大在意大利半島上。

羅馬帝國向外之征服地，又當別論，不得認為是羅馬之本國。

近代歐洲之所謂現代國家如英、法、德、意諸邦，大者僅能如中國四川一省；又如荷蘭、比利時、西班牙、葡萄牙等，小者僅能如中國江、浙等省，並還有不如者。國家疆土以其所受地面上之刺戟與挑戰，自屬狹小有限，易於使人有固執與滿足之感。多瑙河、萊茵河那能與中國長江大河相比。阿爾比斯山那能與中國太行山與南嶺山脈相比。歐洲人又各自封閉於其狹小疆域之內，支離破碎之心胸，終於牢不可破。

三　人事歷史方面

遠的不論，以近於兩三千年內者論之。希臘亡了，它的歷史斷了，羅馬人憑空突起，並不是接受了希臘歷史而起。羅馬亡了，它的歷史亦中斷了；中古時期而下，又是憑空突起，並不是接受羅馬歷史而起。現代國家，又是憑空而起，並不是直承中古時期之歷史而起。讀西洋史，自希臘而下也有二千到三千年，但時斷時起，不是一部歷史，乃是多部歷史拼湊而成。英、法歷史最多不得到一千年。

德、意歷史最多不得到兩百年，蘇維埃不到一百年。歷史短，即是經驗淺。無經驗，即是無積累。他們的人文知識，較之中國，只在浮薄的外皮上。因其無經驗，所以不能接受歷史教訓。他們的帝國主義，乃受羅馬歷史影響，但沒有眞受到羅馬帝國崩潰之教訓，英、法諸邦之帝國主義也終於崩潰。目前的歐洲，小國寡民的民主政治，乃受希臘歷史之影響，但亦不能眞受希臘史之教訓。如最近的「共同市場」，英國欲求加入，其勢甚難，屢經波折，恐尚不能實現。天、地、人三方面之刺戟與經驗，始終是狹小與淺薄。他們的文化是難積累的。過路拆橋，斷而不續。今天的美國與蘇維埃，即是其興也驟；到底仍會其亡也速。西方歷史與文化，一言以蔽之，非由累積，乃由改變與轉換，故成為多變的。但不能說是進步的。

若說是進步的，乃是無生命的，或說是短命的，是借屍還魂的。是一種接枝，或是一種變種。如桃樹根上接李樹開李花。

他們之開新，乃是掃除了舊的，另起一番新的。乃是一種無積累之開新。因此根基淺薄，靠不住，將全成為短命的。中國歷史既積累又開新。春秋戰國以後，有秦漢之大一統之開新。三國兩晉南北朝之後，有隋唐之大一統之開新。五代十國以後，有宋代一統之開新。遼金元之後，有明代大一統之開新。滿洲入關以後，又有中華民國之開新。蒙古滿洲雖由異族入主，但中國仍是「中國人之中國」此一老樹根柢深穩。所以不斷開新花、結新果。

仍在積累，所以仍有開新。

近代的中國人不懂自己的文化與歷史，誤以歐洲人之文化觀與歷史觀來妄自測度，或妄自推論，此下之中國結果則自走絕路。

自認為是新思想，實是隨便拾來的不通的思想。如大陸中共誤欲推翻中國五千年傳統文化，誤謂中國可以開一共產新局，其最先無疑的誤學蘇聯，故有馬、恩、列、史、毛之傳統觀，有一面倒之立國妄想。

此是要把中國歷史橫腰斬斷，而不知其斷無可能。

又如目前臺灣同胞中之妄想臺灣「獨立」，此是更把中國作支解運動，此是想學美國獨立而不知其斷無可能。

大量的廣東潮州人、客家人、福建漳州人、閩南人，都由中國北方移入，此有中國歷史、中國廣東、福建各地方誌及各家家譜可證。

但從來沒有鬧廣東獨立、福建獨立運動。正如大量雲南人由北方移入，沒有鬧雲南獨立；及大量東北人由大陸移入，亦從未鬧東北獨立一樣。

自有日本人在後操縱，乃有僞滿洲國之獨立。

今天的臺灣獨立正如僞滿洲國獨立一樣，前車可鑒。

臺灣鬧過獨立運動，鄭成功即是，唐景崧繼之，今天的國民政府亦是，何以又要來臺灣獨立？

要把中國歷史接上西洋史，把中國文化接上西洋文化，把中國人全變作西洋人，把中國人心都變成西洋人心，那是一種人工的「換心」運動。

醫學上尚未成功，更不論整體的文化與歷史如何變換得。

有積累，纔有開新。

毀廢一切積累，此是徹底破壞、徹底消滅，那裏是開新？

中國歷史文化因有廣大的、深厚的累積，纔能有不斷的開新。

其中最要關鍵，在能從積累中有調和。

廣東人、福建人都已調和成為中國人。

雖移入新疆土，但仍是舊傳統。

今日的臺灣人在調和過程中，曾有日治時代五十年之隔離。

但日本根本接不上中國傳統，日本人不能調和為中國人。

臺灣人在日治時代也不能調和為日本人。

廣東、福建人移民海外到美國、到南洋，也至今未成為美國人、南洋人，而仍有其中國傳統。

今天的臺灣人也同樣仍是中國人。

若要把臺灣和中國隔離，廢止漢字漢文，廢止中國歷史，則臺灣變成全世界聯合國以內聯合國以外任何民族中最無歷史的、文化最短暫的、最淺薄的一民族，將來如何能獨立有成？

最多必成一「託管地」，但到中國大陸重見光明，此託管地仍必回歸祖國，此一獨立運動，乃是人類歷史上最可笑最可恥的一段。

十一　文化中的精粹與渣滓

今天的講題，是「文化中的精粹與渣滓」。

在清代末年，有一本很有名的雜誌，名為國粹學報。裏面特別講我們明代末年很多遺民，他們不服從清朝，不在清朝朝廷做官，他們中有好多極負盛名的大師學者，他們民族思想極濃厚。國粹學報裏，就介紹了這許多人的思想學術，在當時影響非常大。諸位不要認為「辛亥革命」完全是受了美國華盛頓獨立，和法國革命的所謂新思想、新潮流。這些影響，實在僅是一部分。大部分影響我們國內當時一般知識份子的，卻是這份雜誌的力量大。他們是在復興我們的「民族思想」。後來到了民國新文化運動起來，看不起中國舊的，全部要學西方，要新思想、新潮流，那時他們最看不起「國粹」二字，他們來換一個名稱叫「國渣」，說這些都是中國的渣滓，不能說是國粹。在這兩個相反的意見下，有人提出另外一個名稱叫「國故」。說這許多都是我們國家的老東西、舊東西，也不稱它是渣滓，也不稱它是精粹。我們要在這些老東西裏再作研究，究竟有沒有精粹？我今天的題目，就是借用這「國粹」、「國渣」、「國故」三名詞，再來申說。

每一個國家的文化，定有它的「精粹」可以保留，我們該慎重地來看重這些國粹，把它發揚光大。同時也定有很多經過了時代鍛鍊以後變成了渣滓。不僅中國，世界各民族各文化，都有它的精華，也都有它的渣滓。我們該來研究，甚麼樣的才是渣滓，該去，精粹該留。任何一個國家民族，都要有一批有知識人，來辨別來指導，使得這個國家民族的文化可以不斷向上，不斷開展，這要有一批文化的導師來指點，來領導。

我們說，文化就等於生命，拿個人的生命來講，有呼吸，有飲食，一呼一吸，吸進新鮮空氣，促進我們身體裏的血液循環，一面再呼出一些不要的骯髒渣滓。如吃東西，吃下去的定有一部分消化了，來營養我們的身體；可是另一部分，要排泄掉，這叫新陳代謝。我們每一人的生命，就靠這個新陳代謝來維持，來生長。所以我們這身體內，同時就有精華、有渣滓。但我們另從一點講，一個人的呼吸飲食，也只能有適量的營養。恰如其量的營養，我們是要的。若使我們吃得太多，營養太豐富，留在我們身體裏，反而要變成病。脂肪吃得太多，血管慢慢老化，也會出毛病。吃的太好，肥魚大肉，我們認為是營養，只太多了，結果也會發生病。

但我們呼吸、飲食、消化、營養，都能恰如其分，身體健康，到後來還是要衰、要老、要死。待他死了，他的全部身體都變成渣滓。這是天地的大自然，我們無法逃避，無法違抗。今天我們用盡聰明力量來保留這條生命，而這條生命終於是非毀滅不可。那麼我們究該怎麼辦？我在此提出一句話說，這是「人死」問題。人死問題是在「人生」問題中一個最大的問題。我們講人生問題，最大的爭點，就在解決人死問題上。人生問題到最後，定會變成人死問題，於是遂有很多的大宗教。如耶穌教說，人有肉體，有靈魂，肉體最後會沒有，所以要不得，但還有靈魂，將來可以上天堂，那才是人生最後目標，最後歸宿。大體上，一切宗教，也都在這樣說。如佛教，講涅槃，講輪迴，輪迴永遠不斷，轉成一大苦海，我們要超出這個苦海，到達涅槃境界，然後再沒有輪迴。耶教、佛教，正為人類一定要死，才發明出這種種理論來，可是這種種理論，照今天講來，有些不科學，不能叫人信。有沒有天堂呢？天堂存在，由何處來證明？至於說輪迴，又從那裏來證明呢？所以佛教、耶教想把人死問題來指導我們人生問題的，慢慢會失掉他們的作用。

我且講我們中國人講法。老子書裏有兩句話，他說：「人之大患，在我有身，及我無身，復有何患。」一切人生問題，都從我有這個身體起，但是不要害怕，這個身體總會沒有，到我沒有這身體了，問題不成為問題，我還有什麼憂患呢？老子這番話，極簡單，但極明白。可是照他這樣講，豈不把人生問題一筆勾消了。但人死以前，明明有問題。人死以後，亦還有問題。老子這番話，卻變成為狡辯。以後道家轉出一種長生之學，要不死，講求作神仙，這就沒有老子講得高。但道家講長生，叫做「形解銷化」之術，即是要把我們的身體，解散銷釋，然後才能長生。所以道家說：鍊精化氣，鍊氣化神，這就要脫離了身體，神遊大自然中，不再消滅。所以人之仙去，同時即是死去，留一個尸體在那裏，而他的神則已從尸體裏脫化而去，跑開了。形是萬不可留，若連我們的神都沒有了，那豈不一起完了。我們要「離形而全神」，這是中國道家的長生術。

我們也可說中國道家是要脫離了這個物質界，而跑入一個精神界。物質是渣滓，必得去掉，而在物質中提煉出的精神則可保留。這是中國道家長生術的一種信念。今天科學醫學發展，道家的長生說，也不受我們的信仰了。而儒家呢？中國思想中最重要的當然是儒家。由孔子一路下來，儒家講人生，似乎最平淡，只就普通常識講，只要夫婦婚配生男育女，那麼兒女還保留着這生命。不孝有三，無後為大。父傳子，子傳孫，一代代傳下，人生就不會斷。只要人生不滅，自可再希望文化不滅。由現代科學講，將來人可以普通活到一百歲，甚或可以活到兩百歲，也只僅此而止。然而人口太多，老人不死，年輕人難安排。今天我們只活到六十七十便要退休，俾得起用年輕人。但又要人活到一百兩百歲，若儘把退休年齡向後加長，豈不也是一問題。儒家只說父傳子，子傳孫，這話雖簡單，不失為一番平實中庸之道。驟然聽來，不如耶教，不如佛教，不如老子和道家，也不如今天的科學家，因是太簡單，太平實了。但在簡單平實之中也有道理。

我試再代為解釋。人之有死，是一自然，我們要在自然中間建立起我們的文化。我上面曾說過，中國文化傳統主要在家庭，把個人生命變成為家庭生命，這是中國文化要義之一。今天我們只講個人主義，否則講社會主義，但中國古人卻講的是「家庭主義」。擴大則為「家族主義」。父母把子女當作他自己看，這是「慈」。子女也把父母生命當作他自己生命看，這是「孝」。這樣的家庭，中間就有極深的文化意義。如老狗生小狗，老貓生小貓，只是「自然」，沒有家庭。講到家庭，也可說已不是自然，而轉入「人文」了。中國人講家庭，必講父慈子孝；西方人兒子生下，便教他獨立自由。

中國人是由個人來組成家庭；西方人要在家庭中成全個人。雙方意趣不同，這就見文化不同。現在我們則都講西方道理，父慈子孝不再講，但也沒有眞學到西方的個人。

男女交媾，受胎生育，這亦是自然，貓狗動植物都如此。但中國人講家庭，必要講慈孝之道，又要講一番夫婦之道。今天只看重個人。夫婦只是自由戀愛，生男育女，各自跑進社會，尋求職業，把中間家庭一項全忽了。一講到家庭，只爭大家庭與小家庭，卻不重一個家的傳統。中國古人則主要在講傳家。如說，耕讀傳家，詩禮傳家等。今天則父母是個家，子女另是一個家，不是不要家，只求此家之小，又不要傳。中國人又說積德傳家，積善日昌。這個「傳」與「積」，卻是我們的文化精華。不從個人說，乃從家庭說，傳家不是傳房子與田地。各人身體都保不住，一所房子，幾畝田地，那值得傳？房屋田地之外，又有黃金寶玉。但是這些東西也都傳不下，這些全是渣滓，連人的身體也都是渣滓，那又如何傳。中國人說傳家，不從物質方面講，這層大可注意。

老子書裏又說：「金玉滿堂，莫之能守，富貴而驕，自貽其咎。」在中國，也從沒有一個大富之家，三百年五百年傳下。大貴之家，做到皇帝已達顚峯，但也傳不到三四百年。漢、唐、明、清都沒有了。中國人最重傳家，如孔子家，自孔子以下七十幾代直傳到今天。其他中國人，全有一個家。如在臺灣，你問他，祖先第幾代從福建來抑或從廣東來，都有一個家統，中國人稱之曰「家譜」。家譜上記得一清二楚，都有兩千三千年的家史。現在我們又只講人口，說中國有七億人，這也是學了外國，中國古人不單講人口，卻講戶口。同時要講有幾個家。總說則有「百家姓」，我說這是中國文化精華。

我在這講演中的第一次，就說中國文化重在修身齊家。這個家，不僅是家庭，還要講家族，家族要求能傳下。傳家不是傳財富，傳田宅。中國古人又說：「高明之家，鬼瞰其室。」諸位不要說，這是一句不科學的話。家屋太高大，下面要出毛病，好像常有鬼在那裏窺探。這是一句經驗之談，這是人文科學。中國的家庭，有家訓，有家教，有家風，不止是一個血統相傳。父慈子孝，這裏面有人文精華。中國人說許多道理，都從那裏來。中國古人又說，「人倫之道，始於夫婦」。夫婦結合，就該有一番大道理，不是僅講戀愛，僅屬個人。這些只是一自然。夫婦之道的裏面，自然也包有愛，而愛之中與愛之上，還要有一番道義。中國人由於此番道義而由家成族。再下去，有鄉黨隣里，這裏也要有道義，要孝、友、睦、婣、任、卹，有危險要相扶助，和氣致祥，乖氣致戾。要使每一個鄉黨都成為一團和氣，這也是個精華。

物質方面，中國人比較看得輕。我常喜讀唐代田園詩人的詩，如說「綠樹村邊合，青山郭外斜」。中國人只把大自然來美化我們的鄉，把綠樹青山來美化了人生，美化了環境。從這些田園詩人中所歌詠的鄉村田園，覺得我們人在此環境中，眞是別有天地，這又是個精華。此乃天地精華所在，而為我們人生所吸收。我們人生當知有兩方面，一方面是外邊的「自然美」，就如綠樹青山；一方面是我們的「內在美」，就是人倫道義，如孝、友、睦、婣、任、卹。我們人在這樣的環境裏，就會開心滿足，這樣的人生纔傳得下。至於物質條件是不這麼重要的，只要過得去就夠。

再說到廟宇，說到中國的廟宇，就要想到孔子廟。全中國每一縣都有孔子廟，都不很大，都不要化很多錢，不重在物質上，只重在精神。再說到中國的墳墓，也很簡單。孔子死了，孔子的七十二弟子，魯、衛、齊、宋各國皆有，有的很像樣，他們不是沒有錢，然而他們只在孔子墳上各人栽一樹，直到今天，這是中國有名的曲阜孔林。林木卻可以幾十百年一路傳下，鬱鬱葱葱，生氣常在。中國人葬父母，定要看風水。諸位又會笑其不科學。但風水又稱輿地。選擇一個墳墓，要看風看水，水要能流，風要能動。一個墳墓，要挑一個很好的有風有水水流風動的地理環境。擇墳墓也如擇家宅，綠樹村邊合，青山郭外斜，不也是好風水嗎？

又如中國人講究教育，從前有書院，唐宋時代在江西廬山，有一個白鹿洞書院，朱子在那裏曾請過陸象山來講過學，到今天這個書院遺址還在，只賸幾所破屋而已。但若我們一到此地，便可深深感到其山川景色，風水之好。物質建設雖是不太講究。但朱夫子、象山一番講學精神則還在。

我曾去過英國牛津、劍橋大學，它們的歷史，也和我們廬山白鹿洞書院歷史差不太遠。但他們卻極看重物質建築，古老的式樣全保留着，牆壁都是石砌。我去那時，正值英女王要訪牛津，他們不得不把房子粉刷一下。他們特地領我去看那些大石牆，幾百年傳下，他們只把外皮薄薄剝掉一層，而那些外皮也都已變成了粉，只輕輕用手一摩撫，那石粉就會掉下。諸位總說中國人守舊，試看他們，豈不比我們還要守舊得多？近千年的房屋建築，都好好保留在那裏。但那些只是物質的，中國人要在物質以外，保留下一些精神。因這是「精粹」所在。雙方用心有別，所以文化傳統便各異其致。

再講到佛寺，我且在唐詩裏再選兩句，「曲徑通幽處，禪房花木深」。即現在一普通家庭，也能修一條曲徑，栽些杜鵑山茶，有天趣，有生意。唐代佛教之盛，而詩人筆下所咏之禪房，也復不過如此。若以較之西歐到處的教堂，風格自判。尤其如羅馬教廷，更不得不震驚於其建築之偉大。然而太看重了外面物質條件，天趣生意，都不免損失了。

馬克斯的唯物史觀，分出奴隸社會、封建社會、資本主義社會、共產主義社會的幾層，那些亦全從物質上着眼。若論我們中國的社會，我則謂只可稱之曰「人文社會」，沒有此許多奴隸社會、封建社會、資本主義社會與共產主義社會之分別。馬克斯的分別，都注重在生產方式上。今天我們大家看重講生產、講經濟、講財富，其實簡單講一句，最後都會成渣滓。中國人的社會，只是修身齊家，只是孝友睦婣任卹。諸位莫說我們為這樣，所以物質條件不長進，但若我做一個和尚，我情願住進中國寺廟，曲徑通幽處，禪房花木深。卻不願住進西方大教堂，峻牆彫宇，滿眼石刻，硬綳綳陰森森地。若我是一農人，我也喜歡住在綠樹村邊合，青山郭外斜的中國農村，卻不願住進西方中古時期貴族大地主的堡壘裏去。

說到西方中古時期的堡壘，意大利、法國、英國，我曾親去看過一些。特別在羅馬，有一個堡壘，我從中午看起，整整看了一半天。想像那時的貴族，住在這樣的堡壘裏，如何般的生活。且不要和我們東晉南朝以及隋唐時代的大門閥的生活相比，即如水滸傳裡史家莊、祝家莊之類的土豪地主，物質條件當然差遠了，但亦還有些生機和天趣，不像他們如此嚴密的把自己封閉起來。到今天，他們那些貴族是全沒有了，但他們那時的堡壘還到處保留着，供我們憑弔。他們的墳墓，多在教堂裏，並不很看重。卻不如看埃及的金字塔、木乃伊般，這些也都直傳到今天。但古埃及的文化，乃及埃及人則都沒有傳下了。所以我說：他們的渣滓都留存了，而精華則喪失了。

中國從古到今，沒有像他們般的偉大建築傳下，只有萬里長城，但實說不上建築，只是一道國防工事，所謂足以防馬足而止。這因國家偉大，疆宇遼闊，直從遼東到甘肅、寧夏，這一道防線，只見國家規模的偉大，不是長城建築的偉大。其他像秦代的阿房宮，漢代的未央宮之類，消失得全無痕迹。在我們，可說為把渣滓盡丟了，而精神卻保留，所以有偌大疆土七億人口到今天，這不是一種精神。是什麼呢？

諸位當知，任何一種物質建設，力量用得過分，太偉大了，這個物質就會回頭來壓在原來的自然狀態之上，好像征服了自然。西方人好講征服自然，他們的物質建設，也眞是能征服自然了。如看金字塔，即是一個不自然。其他可一例而推。都是頑強地站立在那裏征服自然。然而人生也就是自然，把物質建設來征服自然，同時不免就征服了人生。使人透不過氣，回不轉身來。我上面已說過，天趣已滅，生意已絕，那一種的文化，就快要墮落。若使諸位今天發了大財，用三百萬五百萬美金造一所大房子，傳你子孫，子孫不好，不用講，好的子孫，住在這所三百萬五百萬美金的大房子裏，也會沒有出頭日子，因人給房子征服了。從前羅馬天主教初起，只在地下活動，沒有一堵牆壁，沒有一所房子，但耶教愈傳愈暢，精神愈困愈旺。一旦出頭露面，教堂遍地興起，然而這些教堂之興起與保存，教士們的精神已都在那上面用盡，更沒有了。後來的教士們，不用絲毫力，走進教堂，而教堂則太偉大了，把他們壓迫得透不過氣，翻不過身，宗教精神便漸漸地消失了。所以物質文化進展到某一階段，便不能再進。不僅古代埃及、羅馬如此，直到近代英、法諸國也如此。今天的美國，不免也要如此。如紐約市的那些摩天大廈，豈不也是在征服自然嗎？但自然征服了，在自然裏面的人生同時被征服。到那時，人類文化就無生氣。生氣斷了，窒息了，呼吸也沒有了。城市吞滅了鄉村，鄉村萎枯了，再不會生長大城市。今天日本東京後來居上，想要勝過了紐約。但到那時，城市中就會沒有了天地，舉頭看不見太陽和月亮，低頭看不見青草和綠樹，所見只是人和地、車輛和房屋。更可怕的，現在已警覺到的污染問題，天地給人污染，天地也不再是自然，空氣、水、陽光都受污染，鳥、獸、蟲、魚也將不得生存，便何況於人類？

今天的世界，正在走上這條路。一代代下去，人厭倦了，會想逃避。青年們做嬉痞，便是其先兆，但也沒有辦法。而我們今天則又不得不跟着西方人走，我們窮，要憑物質科學追上去。我告訴諸位，我們今天同時也需要有幾個文化的設計人，與文化導師，來指點我們，領導我們。渣滓得盡量丟棄，精華得盡量保留。是不是呢？難道從前我們有辦法，今天我們便就沒有辦法嗎？憑我們中國人的頭腦，在今天這個世界裏，如何般丟盡渣滓，保留精華，這須自有指點，自有領導。但我們今天都只是一眼睛看在別人家的物質上，心意太專一了，又如何會有辦法呢？

我告訴諸位，小民族往往愛大擺設。從古代埃及、希臘、羅馬，直到近代的英、法，當前的美國，都是。小地域人要外面炫耀。大民族則往往只要小擺設。如我們中國人，不是不懂藝術。諸位只去看故宮博物院，一口鐘，一隻鼎，一個瓶子，一隻杯子，精巧絕倫，但都只是些小擺設。論其價值，或許一件磁器還在西方人幾十層洋樓之上。中國人居住在大地面上，卻要內裏蘊藏。一個幾百萬大家私的人，跑出去，衣服反而要穿破些，不讓人家注意。沒有錢，趕快換一身新衣服作掩護。中國天太高，地太厚，中國人居其間，樣樣事情要蘊藏，要涵蓄。西方人天小地淺，樣樣事情要開放，要暴露。但暴露也並不是只要新不要舊。美國支加哥大學，規模大，歷史短，房屋太新，是其一缺點，於是把新屋全粉刷如舊房子。又如耶魯大學，只在百年前後大造新屋，但要模倣英國牛津、劍橋石牆高聳，裏邊走廊跑道，全得開電燈。不造近代漂亮建築，要舊的，這也是一種暴露，一種炫耀，但總是看重在物質上。物質總會成渣滓。

中國人有一句話說：「人惟求舊，物惟求新。」物質總是不能舊，但人則要舊。要在此世界上找舊人，莫如中國，乃是四千年傳下的舊人。西方人乃一反其道，物要舊，人要新，總在物質上籌謀千年大計。中國愛說老成人，西方喜歡新人物。一面是人要老，物要新；一面是人要新，物要老。兩面一比，試問究竟是那一面看準了人類文化中那些是精華，那些必然成渣滓？

中國人也想有傳世之物，如現在故宮博物院所藏，多有三千年以上的。上面刻着字，總說子孫永保用，要傳，還要用，這是中國人想法。人生百年總要死，東西可讓兒子用；兒子也要死，那些東西還可永世留傳。故宮博物院所藏，幾乎都是家常實用品為主。若金字塔、木乃伊，試問作何用？希臘把人像雕在石上，中國把人像畫在紙上。西方紀念人用銅像，中國紀念人用木主。西方人總在物質上作長久之計，中國人則不作此想。又如希臘雕人像，裸體曲線，窮形盡相都雕上。中國人只用幾條線條，存其髣髴。作畫則有所謂頰上三毫，拿來表示畫中人的神態。

中國古人說：「人生有三不朽，立德、立功、立言。」最現實，又像最空洞，所以中國人好名，名也可以傳，所以說「豹死留皮，人死留名」。名另有一涵義，如我有個兒子，叫我作父親，這一名，是孔子「必也正名」之「名」。至少每一人可以留給各自的兒子。聖人、賢人、君子、善人也是名。所以說：「君子病沒世而名不稱。」我們為人父母，也就留了名。當子女回念父母，生前如何般照顧教育栽培於我，則名之外還有功德同其不朽。此番道理，既親切，又平常，人人有分，人人可信。諸位試想，人生還有什麼比這更可不朽的？自然固要我死，上帝也何嘗不要我死，但死後在下一代人的心裏，還存有一名。五倫各有一名。有其名，必當有其實。如父慈子孝，君仁臣敬，立德立功相因而起。發揮此種道理的便成「傳世之言」。中國人在人生必作渣滓之中，找出這些精粹，凡人具此人生，即具此精粹。此已非一自然，而只存在於人文中，亦不待上帝主宰，而由我自己把握。

今天的我們，則再不這樣想。如家譜，如祖宗牌位，一切都丟棄不再留。父母為子女只想出路，可以賺錢，過好生活。子女則更不為父母想。大而言之，不過要我們也像西方般，能成一資本主義的社會。大家美衣美食，為此新社會中之新人，此外都可不問。但我們能不能在此中還保留一些中國文化傳統中的精華，使「自然」和「道義」結合，建立一個理想的人文社會呢？言其物質生命，既不餓死，也不凍死，固已無虧。言其精神生命，卻能保有一些不與草木同腐，不與灰塵俱滅的，不更好嗎？只要我們懂得有此問題，有人肯在此問題上邊用思想，慢慢地並不是沒有辦法的。又如我們只看重一方面，只懂得有「個人」與「社會」，社會則只由經濟法律來維持，來束縛。我們能不能在這裏面再保留下我們的家庭，有夫婦，有子女，從此而有慈孝敬愛人生中種種的道義與德性，而來一個更理想的中國式的人文社會呢？昨夜有位朋友對我說，他不愛看電影，電影裏是男盜女娼。他愛看平劇，平劇裏是忠孝節義。他的話雖淺近，但可與我今天講題有闡發，借此附及。

十二 文化的前瞻與回顧

一

今天的講題是「文化的前瞻與回顧」。我們講文化問題，還是應該向前看，或應該向後看，下面將加以討論。我們要文化向前，繼續有發揚進展，當然我們該向前看。但亦還得向後看。向前是明天，向後是昨天。或許諸位覺得人生重要在明天，但沒有昨天，那會有明天，明天正從昨天來。倘使沒有了昨天，連今天也沒有，明天也同樣的沒有。這是第一點。

第二點講，我們的明天還是決定於我們的昨天。每人的昨天不同，所以明天也不同。從前有人說：「以前種種譬如昨日死，以後種種譬如今日生。」這是說我們要能自己徹底的改造。把我昨日一切舊的都丟掉，重來一個明天的新我。這話當然也有意思，可是不能死看。這只是一個譬喻之辭。若昨日之我，一切死去，明日之我，又從何來？拿身體來講，今明天種種活動、努力，要靠身體健康，但健康是來自昨天的。一向來很健康，才能明天繼續努力。若使昨日失掉了健康，有了病，還得先治昨天的病。醫生看病，就是看你的昨天，不是看你的明天。問你病怎麼來，所問的是昨天。我們到了有病，更該回頭來看我們的昨天。不能說昨日之我病了，我不要，我希望來個明天，這是太不切實際的空想。我們今天確是犯了病，又是大病。不然，我們那會到這裏來。今天要講文化復興，要改革舊的進向新的，那麼更該回頭來看我們的昨天。

昨天是我們的記憶，明天是我們的希望。一個人也可無所想望，但不能全無記憶，失掉記憶最是一大病。此人還有什麼希望呢？我們也可說，記憶即是經驗，有了經驗，才有記憶。而希望則是理想，理想也一定要從經驗中來。根據經驗，才能生出理想。不根據經驗，或全無經驗，則只有幻想、空想，不成為理想。所以我們必要看重我們自己從前的經驗和記憶。昨天的清清楚楚，才有明天可望。

再說，我們把過去舊的留在腦子裏，或許會說我們是保守，我們要一意向前，不問昨日問明日，才得稱為進取。今天大家都要講進取，不肯講保守。但進取是取你之所未有，保守是保你之所已有。所以進取尚在空虛渺茫中，而保守則是具體的真實。時間無限，空間無限，萬物無盡，萬變無常，人生處其中，試問向何處捉摸。諸位不要認為我們有一個明天，明天去了還有明天。但此一明天，便在此時間無限，空間無限，萬物無盡，萬變無常之中，實在太虛空、太渺茫。明天究將是什麼呢？誰也不能知。我們只能說明天的我們有一個可能，這一個可能便是我們可理想的前途，然而也不是要這樣就這樣，要那樣就那樣，天地間絕無這會事。但也不是什麼都要不得，在這個無限時空，不斷無常萬變中，我自可有一個可能。若要眞懂得我自己這一個可能，就先要懂得我自己的以往，即昨天。

中國有句俗話說，「留得青山在，不怕沒柴燒」。有了青山，我要燒柴，儘到山上去樵。但我們人生中的青山又是什麼呢？只有我之昨天，才是我之青山。昨日之舊我，這是我的一個生命。有了生命在，不怕無可能。昨日之我正如一青山，明日之我是待我到山上去樵來的一些柴。若諸位只想要柴，卻忘了那青山，請問向何處去樵？我們不要太着重在明天，而忘掉了昨天，昨天才是千眞萬確的為我所有。雖是舊，但我只能有此舊。新的還未來，只能從舊生新，卻不能無中生有。

我們從生入世，一路到今天，其中一切經過，只我自知，別人不知，這是一個我的眞實，也是一個眞實的我。明天如何？我不知，但自會從我一切昨日的眞實處發展出來，而成一個新的我。但亦只是在舊的我上裝新，沒有了舊，成一虛假，何來有新。所以我們要回頭，要保留我們的舊，才能向前，期望我們的新。我要看前面一切新的，先要回頭來記取我一切舊的。病在身上，病可不要，身不可不要。而且病亦是一個千眞萬確的事，我要能記得、能知道，下面才有辦法，還可有新的來。大自然生人，必從有知識起，有記憶起。小孩時記性最堅強，能記，不會忘，才有下面。所以人生重要在記憶，能知而不能記，等於無知。

二

中國從前教育制度，注重在教小孩記憶。讀書教背誦，到後一輩子不會忘。年齡愈大，記憶愈多，才有悟性，從前所記得的都明白起來。也可說，小學時，多數只有記性。到了中學時，慢慢有悟性。進了大學，記性越豐富，悟性越發展。到了中年出來做事，碰到更多新事情，要靠我們悟性來應付。悟性那裏來，都從記性裏邊來。如諸位在此聽我講話，我的每一句話，諸位都聽着，但所明白的不必同，這是悟的不同。悟的不同，則由記的不同來。年齡大了，記性先衰。有人說，老年人記憶是衰了，悟性是增強了。我頗不信這個話。先有記性，再有悟性。記性衰了，悟性還在。相形之下，好像是增了悟性，其實不然。到後來，記性一路的淡，連悟性也淡了。記性完全沒有，那就是生命結束。沒有記憶，何處還有生命。沒有生命，怎麼還有悟性？記性衰，悟性也跟着衰，這是我們生命在走下坡路。那麼要待新的人起來，又是一番記性，再有一番悟性。所以我們教小孩，只該教他記，不要教他悟。要讓他自己悟，始是眞悟。讀書能背誦，往事能記憶，到了某一階段，他的悟性就自己來。悟是他自己的，從他自己心裏悟出。

我們只說：現在時代變了，大家喜歡講新，說舊的不能要了。如說現在是工商社會，不是農業社會了，現在是原子電子時代，不是從前銅器鐵器時代了。現在是我們人跑上月球的時代了。認為時代變，從前舊的都要不得。但諸位要知道，時代變了，歷史並不變。中國有中國的一套歷史，外國各有外國的一套歷史。我們今天只講時代變，卻沒有講歷史不變，我覺得是講偏了。從前我是一中學生，現在我是一大學生，也是時代變了，但是我有我的一路來的一套歷史則沒有變。出了大學，在社會上做事，我的時代又變了，但還是我這個人，我的已往這段歷史一路下來沒有變。所以人生各有前途，不能相同。每一個人的前途不同，決定在每一人已往的歷史不同。每一人的歷史，就是他的經驗。

但我並不是來講一套命定主義。今天這樣，明天並不即就是這樣。明天的歷史，是舊上加新，既不是有了舊不再有新，也不是要有新便不能有舊。歷史常在變，可是變中有舊，變來變去，變不了我這個昨天。昨天的我並不能決定明天的我，這是對的。因明天必有變。但我們可以說，明天之我決然還是這一個我，而並不能變成一個不是我。明天儘可能有變，但千眞萬確的昨天則不能變。所以說時代可變，而歷史不變。又有人說，今天的我們，都得要提倡變，也不用害怕。我是一個中國人，儘變也變不了我還是個中國人。所以我們可以不要管昨天，儘放心爭取明天之變，好在變到最後還是一個我，還是有我的昨天。這只是說只講時代不要管歷史，這只是一種詭辯。若使我們先承認了下一句，說無論如何變，總還是個我。變到最後，還是不失其為我，所以不用怕。若我們眞承認了這句話，豈不成不變也吧！變也總還是這樣。

我且換一個講法，我們只能拿我來求變，不能拿變來求我。一切變，只能由我來變，先有了我才能變，不是變了才有我。那麼今天的中國，也只能由我們中國人自己來變，要變成一個新中國，但只有從舊中國裏面變出。不能由一個不是中國來變我們這個中國，不能把我們中國變成一個非中國，不是中國，或無中國。講得再明白一點，只有孫中山先生能來變中國，華盛頓不能。孫中山先生當時所提倡的三民主義，顯然不即是華盛頓當時在美國所提倡的獨立與自由。諸位若承認這句話，再來批評我們當前社會一切的思想言論與行為，諸位自可想像，我所要批評的在那裏。

三

我們也可說，當前這個世界，只能由我們當前的世界人來變，連上帝也沒有辦法，所以中國傳統文化裏沒有宗教。因中國人不信能在這個世界人類之外，另來一個超人，超出乎我們人類，而來改變我們的世界。縱使有之，也非我們人類所希望。所以說：「人能弘道，非道弘人。」再說，這個世界，也只能變成一個新世界，只能使這個世界變新，但不能另來一個世界，如天堂之類，更不是我們這世界。我們可以不要天堂，但不能不要此世界。世界末日審判，全人類都上了天堂，或是下了地獄，此等只能說是一種宗教信仰，但不是人生眞實的理想。若諸位承認我這番話，覺得對，我將繼續講三大問題。

第一、什麼是我？這是我們一個最大的大問題。我是什麼？如何是我？此問題，我們不能兩眼只望前，便把此問題落空了。我們先得明白如何是我。「我」是先已存在了的。第一要喚醒我們一切的記憶，始能在一切記憶中再覺悟，我原來是這樣的一個我。

第二、我們要懂得，如何是個中國？諸位不是大家愛中國嗎，情願把生命來貢獻於國家。我們豈不更要知道，如何才是我們的中國？更重要的，我們如何才得算是一個中國人。要救中國，要改造中國，就得待中國人。如何才是一中國人？如說如何是我，這層同樣地要解答。

第三、我們要懂得如何是一個人？中國人也是人。不明白得如何是人，怕也不易明白如何是中國人。

中庸上說：「自誠明，自明誠。」自誠明是「天道」，自明誠是「人道」。怎麼叫自誠明，我不是千眞萬確沒有什麼虛僞的一個我嗎？我們先要有個「我」，千眞萬確地有這樣一個我，這是「誠」。宇宙萬物，有生無生，有知無知，都是一個「誠」。這裏絕無虛僞。可是要在誠中生「明」，則只有人類能之。一頭狗，不懂它自己是什麼，要它具體地說給你聽，它不能。它是誠而不明。人之偉大，在其誠之後有明。我們智慧的最高價值，就在能有此「明」。如我剛才所講，如何是個我？如何是個中國人？如何是人？此三問題，同時是誠也是明。人類文化，則要由「明誠」，由我們的一切智慧所明白的結果，重又回到自然，回到此眞實上。若說是要戰勝自然，克服自然，這不是要由明來滅誠嗎？所以我們只要回到「我之不失其為我」，「人之不失其為人」，「中國人之不失其為中國人」，才是由明誠。這裏有一套極大的學問，我們千萬不該忽略了這一套學問。連我自己也不知道如何才是我，如何才是個中國人，如何才是人，並此三大問題都不知道，而要來負擔一個責任，要來改造自己、改造中國、改造人類，這豈不是講的空話，要把人更超過了上帝嗎？

四

我們是一個中國人，但同時要適應時代。時代變，我們也得變。但千變萬化，不能變成不是一中國人。這是我要提醒諸位的，這是我們中國傳統的文化理想、民族理想。這也是個大存在，是一「誠」，我們不能否定。如像埃及人，他們到後來失掉其為埃及人之眞實存在了。今天的埃及人，已不是歷史上的埃及人。希臘、羅馬也如此。既已失掉了他們已往的一切，由眞實變成為虛無。更沒有這一個民族與這一套精神。下邊也就沒有變，一切完了。

講到這裏，才知道我們第一重要之點就是我們的「歷史」。一個民族的歷史，就等於一個人的記憶。人不能失掉記憶，等於一個民族不能失掉了他們的歷史。亡國先亡其歷史，歷史亡了，這個國家也快沒有了。我們要破壞一個民族，先得破壞他們的歷史。只要歷史還在，縱在千辛萬苦中，這民族還能奮鬥、還能復興。今天我們中國的最大病害，最大危險，就在我們對於自己以往的歷史不看重，而慢慢地忘了，不知了，而我們又不自覺其是一件大事，這不僅是我們一個羞恥，乃是我們今天一個不治的大病。

當然中國歷史也很難懂，因其有五千年之久，不像別的國家、別的民族，五百年以上能到一千年的並不多。當然要知道五千年的悠久歷史是很難，然而我們又不能丟掉這部歷史，則有賴於我們的教育。如何把我們自己的歷史來教我們之後代，把我們的古老中國，舊中國，來教我們的現代中國；新中國的一切，要他們都能知，那實是難。但這不是守舊，更不是要復古。我們的教育宗旨，主要在能教我們後代如何還能是一個中國人。知道了舊的，才能教我們如何來做一個新的、現代的中國人。

今天我們的教育，或許我講得過分一點，似乎把這個大目標失掉了，我們並不要教我們後代都學做一個中國人，而要教我們後代學做一個不是中國人；不是要教我們後代知道我們的舊的，乃是要我們後代知道別人家的新的。這是一件可怕的事。倘使我們眞能學到做一個不是中國人，這還好。最可怕的，是我們將仍還是一個中國人，千眞萬確的只是一個中國人，還是此一誠，而沒有此一「明」。我們所明的，則不是此一誠。不誠也就無明，無明也就不誠，只學得非驢非馬，不三不四。我們乃變成了一種「不成品」的人。物都有品，如此刻喝茶，茶亦有品。我們的教育宗旨，該教我們中國人都成「品」，都成一個眞確的像樣的中國人。但我們今天最高最後的教育歷程，都是送給外國人去教。他們所教，未必全是我們所要學。一旦學成回國，對中國社會一切不滿，安住不下去，結果還一心想去外國。若使他得意了，要在中國有所變，也只想把中國變成外國，把中國人全變成外國人，而又急切不可能。或許傳宗接代，經過長時期，慢慢兒能變成如他之所理想，然而這究非我們中國人內心真誠之所求。我們今天所最僥倖的，是中國還有七億人，今天報上說，到了西曆紀元兩千年，中國要有十億人，人多了，變不掉，將來總會要復興成一個新中國。

五

上面講，第一要懂得歷史。第二要懂得教育。第三所講，諸位不要怕，乃是我們要懂得「保留」。今天中國所剩下的東西，已然很少很少，我們該懂得保留，再不能丟。諸位只要到現在的故宮博物院去一看，這裏有許多中國的舊東西，幾百年幾千年的，保留到今天。這些顯然是中國的古器物。又如在臺灣，臺南的鄭成功延平郡王祠，嘉義的吳鳳廟，這也可十足代表中國文化在臺灣有其甚大的歷史意義，與教育意義。使我們能回憶到舊臺灣，才可以希望有新臺灣。新臺灣正從舊臺灣來，舊的臺灣，我們該懂得保守。

美國華盛頓，有華盛頓的銅像，紐約有自由神。法國巴黎有拿破崙凱旋門與拿破崙墓。英國倫敦有西敏寺和白金漢皇宮。我們不能只看重馬路、洋房、電燈，那些是新的，我們全可搬來。但人家還有舊的，我們搬不來。我們並不是不要進步、不要新，但我們舊的也要懂得「守」。我們有了舊歷史，才能從舊歷史中創出新歷史。我們若要從無歷史中創出新歷史，那事實在太渺茫，太無把握了。

近代中國，最有眼光見識，可以來領導我們中國人如何向前的，我們不得不首先要提到孫中山先生。中山先生的「三民主義」，第一就是講民族主義，直從堯、舜、禹、湯、文、武、周公、孔子一路下來，後面可以有鄭成功、有吳鳳。若使我們把全部中國歷史都忘掉，完全不知，我們沒有接受中國傳統文化的教育，則中國古人之所以是一中國人，只是一個血統的，而非文化的。只有血統上的中國人，沒有文化上的中國人。或許說，血統上的中國人還要得，文化上的中國人便要不得，那問題實在太大了。由父母生子女，那只是血統的。必要加上教育，然後接上文化。我們要有理想的眞正的中國人，那麼要有「歷史教育」。中山先生講過一個譬喻，說世界大同是我們的理想，像一香港碼頭工人，買一張馬票，放在他隨身竹槓裏，而這張馬票中了頭獎。他一天高興，想此後不再要作苦工挑東西，拿這竹桿丟在海裏，這張頭獎馬票，也一連丟了。固然我們希望將來世界大同，然而今天的我們，則要以一個中國人身分來復興中國，然後再能來領導世界。說得謙虛一點，能來參加這個世界進入大同。我們先不能不要中國，不要做中國人，這是顯然的。

中山先生講的第二個是民權主義。中山先生只是推翻了滿清政權，但並不曾要推翻中國全部的傳統政治。世界上任何一個國家，也必各有其一套自己國家的政治。即說民主政治，英國有一套，美國有一套。西方只講「三權」，而中山先生要講「五權」，要有監察權、考試權，這是從中國歷史傳統中來的。中國歷史上，古代就有湯武革命，中山先生並沒有只學西方，只學美國華盛頓，來提倡廣東獨立。在我們中國人的歷史傳統裏，我們今天，也只有反共復國，並不該有臺灣獨立這件事。我們只能由歷史來接上時代，適應時代，不能把時代來取消歷史，摧毀歷史。辛亥革命，一面是接上時代，但同時也保留了歷史。那時許多軍閥割據，中山先生說他們是封建頭腦，當然並不是說中國社會還是一個封建社會。若使我們今天要來一個臺灣獨立，這也不是封建頭腦嗎？那時的軍閥們，豈不也想到前面一番新的，卻沒有記憶到從前這個舊的。諸位不要認為舊的便一無價值，在中國歷史上，封建割據則無不失敗，這不是一番明白的教訓嗎？

我們再講到中山先生的「民生主義」。今天的世界，有自由資本主義，有共產主義，但中山先生所理想中的新中國，並不是要一味鈔襲人家，他只是根據着中國的歷史傳統，文化傳統，而來一個新適應。所以他所提倡的「民生主義」的新社會，要節制資本，而並不是要打倒資產階級，像共產黨那般的說法。但也並不是一味模倣鈔襲西方資本主義的社會。

諸位大家都研究中山先生的三民主義，便該懂得要連接着我們的歷史傳統，文化傳統，自本自根，有自己的一套。要把歷史來接上時代，千萬不當憑時代來摧滅斬斷了我們的歷史。中山先生對於國家民族文化，當然有他的「前瞻」，但同時也有他的「回顧」。我們就該接受中山先生的指導，來仔細研究，繼續發揮。我們該懂得如何來做一個中國人，來創造一個新中國。諸位當知，堯、舜時代的中國人，和文王、周公時代的中國人有不同。文王、周公時代的中國人，又和孔子時代的中國人有不同。孔子時代的中國人，和後來漢、唐一路下來的中國人也不全同。今天我們是民國六十年代的中國人，我們固是要現代化，但不能把現代化轉成為非中國化，把中國的一切都在現代中化掉了。我們當然希望政府能來建立一種民族文化的新教育，在這裏，當然要接受很多新知識，迎上新潮流。我們自可派遣青年到國外去留學，我並不在反對這些，只是我們的重心應放在中國。不能說中國都不對，中國教育最多只是一種預備教育，預備中國青年到外國去留學。更不說留學外國了可以不回中國來。這是不是時下流行的一番想法呢？這實在值得我們之反省與警惕。

六

今天諸位在此地來接受一番訓練，也總希望能由國家的理想，國家的精神，來造成為中國現代的新軍人。但同時也要諸位做一個歷史軍人。這雙方並不是不能兼顧的。但這些都是從大的公的方面講，現再講小的私的方面。我們每一人，今天當下都應立志要做一個中國人，要做一個像樣的中國人。這該從那裏做起呢？便該從各人的「自我」本身上做起。從我一個人來做成一像樣的中國人，這也並不是只愛國二字便夠。我們要有一種「文化的智慧」、「文化的理想」，我們要懂得中國人有中國人之「品」。這個問題精細講下是頗為複雜的，但我們總是不能不成品，如說我們不能不及格。

最近英國有一個調查統計，問英國人願意留在英國的，和希望跑出英國，到別國去的，統計的結果，五分之二不願留在英國，希望有一機會做一個不是英國人。這裏自也可見中西雙方文化有不同。中國人到美國去，一百年以上，還是個唐人，還不忘中國。這不是那一方對與那一方不對的問題。我們還得要講到中山先生這個苦力與竹槓的譬喻。正為那苦力的竹槓裏有一張頭彩的馬票，這是中國人的傳統文化。諸位今天要驟然改變此傳統，放棄此傳統，其實也並不省力。因為我們的今天，有許多從昨天來。如我們臺灣，至少從鄭成功、吳鳳一路到今天三百年，才成這一個臺灣。臺灣人來自福建、廣東。福建、廣東人歷史尤更長遠，中國人的歷史是深厚的。中國人的品格，不妨說中國人的氣質，生為中國人，就是這樣，有其悠長的文化傳統在每一人之心性深處。我們今天要學別人，或者像毛澤東，學馬克斯、列寧、史太林，但此事不容易。我們該回頭向自己看，我們該喚醒我們的記憶，能記得能知道得我們的過去。今天的我們呢？似乎犯了一個時代病，只懂向外看，向別人看，不肯向裏向自己內部看。只懂得要新，不懂得要舊。我們的家庭，是一個舊家庭，父母吃盡辛苦，節衣縮食，送兒子出國去留學，這還是一個舊中國的舊家庭。而兒子出國去了不回來，那才是新中國的新家庭。現在有許多人在國外成家立業，還得我們待在國內的大家羨慕。但如此般的新家庭，將來究竟會如何般好法，我們此刻還是無把握說得定。但舊中國的舊家庭，若能喚醒記憶，讓我們知道一些，便會感覺到此刻全部丟了，那實在是可惜的。

今天西方科學一天天發達，宗教衰落，他們說上帝迷失了。今天我們的中國，也有一種迷失，而成為危險和可怕的，是「中國人」的迷失。在這世界之明天，將會找不到中國人。當然我指的是「文化」的中國人。若說我們學了一套科學，回來沒地方用，但用不到一百分，能用十分二十分在祖國，也會得益無窮。在國外學的太高深了，且放一旁，先把粗淺的、能用的來貢獻給祖國社會，且莫迷失了自己，那不還是損失小的，還保留着大的嗎？若果迷失了自己，則一切無可講。

今天我這一講，一方面固要我們向前看遠景，一方面也要我們回過頭來看自己，看我們切身親近處。若是只看遠景，可能也會很可憐。就如講留學，一個兒子娶了外國媳婦，一個女兒嫁了外國女婿，這在今天，已是一件平常的事。我們往前再看三十年五十年，豈不連這一個家也沒有了嗎？家都沒有了，國又在那裏，民族又在那裏？我們這樣一套四五千年可寶貴的文化傳統，不將就這樣糊塗地丟掉了嗎？這實是非常可惜的。我們要變、要新、要追上時代，這些都不錯。可是我們還要有一個大原則，要我們回過頭來看一看自己。要認識你自己，認識一個昨日之我，認識我們昨日的中國人，昨日的中國，乃及昨日的中國文化傳統。大的一時無從講，且從小的從我們各自個人講起。

今天在座諸位，儻也有子女要送到外國去留學，我勸諸位應該好好先教訓他們一番，說希望他們將來一定要回祖國來，我們為父母的會常紀念你。不要儘說「我們縱使沒飯吃，你可不要分心紀念我們，儘該安心在外，成家立業，我只希望你學問前進，學做一時代的新分子新人物，不必定要回祖國。」同樣是一番話，同樣是一番心情，一新一舊，那其間可能發生莫大相異的影響。諸位莫儘自私自利，儘為自己子女前途着想，更不為國家民族文化着想。諸位也莫要儘盡父母之慈，卻不望子女以孝。那一轉念，在諸位是極容易做到的事，諸位有沒有此決心呢？諸位有此決心，送子女出去時，要這樣講，以後和子女通信，也要反覆這樣寫。你說沒有用嗎？總是有用的。十家子女，有一家的子女毅然回國來，這就影響了其他九家，慢慢兒中國就會有辦法。而且在諸位乃及諸位的子女，也沒有大損失。在時代風氣之下，我們該有一抉擇，這是我今天要向諸位講的話。

十三　復興文化之心理條件

一

我今天將暫時作一結束，作最後的一講。下邊暫停一個時候，或者另換一個講法，再在這個班上繼續的講。

今天的講題是「復興文化幾個心理的條件」。一切事業之成功，都得有條件，最重要的條件，卻在我們心裏，一定要從我們的心裏發出。所以心理條件，是我們完成任何一事一個最要的條件。復興中國文化，這眞是一件大事，我們要完成這件大事，在我們心理上，該具備一些什麼條件呢？我今天是講這一個題目。

第一條件最重要的，我們該有一個「信心」。我們第一該信我們中國人，乃及我們中國，一定可以長久存在於這個世界上。在無論任何環境、任何狀況下，我們中國人，乃及中國一定可存在。為什麼？我們只要舉三點來講：

第一、疆土之廣大。

第二、人口的眾多。

第三、歷史之悠久。

在全個世界裏，上面三項中國都佔第一位。為什麼中國能如此，我們且不講，但我們只照這三點，就可證明將來我們中國人與中國，一定還是要存在於這個天地間。

我們講到第二信念。既然中國人與中國可以永遠存在，換句話說，即是中國文化也可永遠存在。我們可以這樣說，中國人與中國，何以能到今天，有這樣長的歷史，廣大的疆土，與眾多的人口，完全由中國文化所造成。那麼就可證明中國文化一種內在的價值。我們縱不能詳細指出這個內在的價值在那裏，可是我們可以看，五千年來中國到今天，那不就是這個文化價值之所在嗎？以前這樣，也可想以後，只要有中國人與中國存在，那麼我們中國文化當然會存在。換句話講，只要中國文化存在，我們中國人與中國也會絕對的存在。

為什麼要提出這樣子的話來，要我們大家今天的中國人，都要先有這樣一番的信心呢？正為我們今天正處在一個很艱難、很危險的環境之下。但我們也可以說，我們中國人與中國，這四千年來所經過的艱難危險，不曉得多少次。我們只拿歷史來看，中國不是一個未經艱難，未經危險的民族。就講最近，這一百年來，或者就講我們民國的六十年，我們已有了不少的艱難與危險。我們這六十年來一部民國的近代史，幾乎就是一部艱難危險的歷史。我們從這樣驚心動魄的艱難危險中，到有今天，我們還是存在，還是中國人，還是中國。遠的講，四千年的大歷史；近的講，六十年的現代史，我們都經過了。我們並不覺得可怕，以後我們再有危險的話，我們當然不應該膽怯。我們要問，為什麼我們中國人，能戰勝歷史上從古到今所碰見的這許多艱難危險而仍然屹立？我只有一句話回答，就因為我們文化的偉大，有其內在的價值。諸位或許會問，中國文化既如此般偉大，有看不見說不出的價值存在，為什麼還要遭到這麼多的艱難危險呢？這一問題，我們一部歷史，不能從頭講下，可是只拿我們最近的一百年，或者最近的六十年來講，我可以說一句，我們碰到種種艱難危險，有一個最大理由，或說最大原因，就在我們這一時代的中國人對我們自己的文化傳統失卻了一種「自信心」。也可說：「一切艱難並不眞艱難，一切危險並不眞危險，最艱難最危險的，是我們這個自信心之失落。」我們不能恢復我們的自信，那麼我只見會有更艱難、更危險的在後面。

二

從我們大陸中共講起，他們佔據大陸，同胞們水深火熱，到今天也已二十多年。這明明是我們自己的事情，就在我們失卻了對我們自己文化的自信，於是乎才會去信仰馬克斯、列寧的共產主義，認為只此可以救中國，這不是我們當前實例，最可用來說明我上面的所說嗎？我們八年抗戰，對抗日本帝國主義之侵略，當時我們並不怕。然而八年以後，共產黨的猖獗，我們便沒有了辦法。這只在我們本身，只是我們中國人自己內部的事情。也可說，這是從我們中國人自己心裏發生出來的事情。

今天以後，這個世界上的一種所謂「姑息主義」，到處在猖獗。這一種姑息主義，產生於我們自由世界這一邊，起初從英國、法國，現在蔓延到美國。最近我們或許會看到到處在講「兩個中國」，這種荒謬的言論，而且要見之於事實，這不是我們將會處在一個更艱苦、更危險的狀態之下嗎？但是風浪只是風浪，水流還是水流。水的流與其外皮的興風作浪是兩件事。風浪是外層，水流是本身。今天大陸共產黨要毀滅文化，我們這一邊要復興文化，兩個顯然不同。那麼我可以告訴諸位，代表中國人，代表中國的只就是中國文化。不僅中國文化可以代表當前的中國人與中國，還可以代表中國歷史，代表着我們歷史上四千年來的中國人與中國，這是一個最大最明白的實事與真理。今天的西方人，看不準這番實事與眞理，他們認為，只從疆土人口講，邀請大陸中共跑進聯合國是應當的，這都是從物質上數字上起念，這也是一種「唯物論」，而且是一種虛僞的唯物論。

諸位要知道，說我們是個中國人，這並不從科學上、生理學上、醫學上來講，我們之所以得自認為是一個中國人，就因為有中國文化傳統在我們的身上。簡單講一句，代表我們的是中國文化，既不是科學，也不是政治法律能講得明白透切的。中國文化在那裏？就在我們中國人的心裏。我們的心在那裏，就是我們的力量在那裏，亦就是我們將來的前途在那裏。固然今天大陸統治着七億人，但此七億人的心在那裏？可能他們也不都在我們這一邊，並不全都希望我們政府回去。但我們要知道，他們的心，還是在中國人與中國上，這是誰也不能否認的。只有極少數人存心要毀滅中國文化，若講到內心深處，大陸和我們一樣，他們心裏還是有一個中國文化，正因為中國文化就代表了我們中國人和中國。若使中國文化沒有了，中國人就變成有名無實，最多是有血統上的中國人，更沒有歷史文化上的中國人。中國兩字，也只是一塊招牌。我們已經講過，文化有短命，有長命。中國文化是長命的，因此中國人與中國，還要存在於天地之間。若我們此地今天眞能上下決心復興文化，我們能跟着復興文化的大原則來實踐，我們就會發生一個極大的力量，大陸七億人口的心，都也是我們的力量。

三

但我們又該怎樣的復興法呢？我想我們首先要弄清楚，復興文化不是一個理論，也不是一個知識，乃是我們一種「行動」。這種行動，是我們自己的，是我們每一個中國人的。所以要復興文化，不僅要有「信心」，第二還要有「決心」。我們要復興中國文化，既是一個事實，一個行動，也不是在看別人行動，乃要我們自己行動，那麼就該從我們每一個人的心上開始。諸位說：我一個人決心要復興文化有什麼用？但不知，大家都是一個人，大家都有一條心，復興文化是大家的事，是每一人的事，就得從我們每一人開始。明末顧亭林先生說：「天下興亡，匹夫有責。」那時的中國人，經受到的艱難危險，或許比我們今天要大得多。滿洲人跑進中國，中國整個亡了。而顧亭林先生說，一個國家的興亡是小事，天下興亡才是大事。他所說的國家，乃指政府的政權；他所說的天下，乃是我們的民族與文化。「民族文化」的興亡，我們每一人，匹夫匹婦，大家有責任。「興」的責任在你。「亡」的責任也在你。我們今天又要來用到這句話。

今天要來復興文化，該從我們每一人下決心做起。大家是一人。大家有一心。從一人可以影響其他人，人心可以散布開去，亦可以凝聚團結起來。心的凝聚與團結，就成為一種「時代精神」，也就是我們的民族文化精神。力量其大無比，無法用一個物質上的數字來計算來衡量。說臺灣有多少人，大陸有多少人？臺灣地方多少大，大陸地方有多少大？這些只是一種虛僞的唯物論。我們要從「人心」之能凝聚團結，連把歷史上的心也凝聚團結，發生一種最大的力量。或許地面越小，人口愈少，凝聚團結便越容易。譬如一盆火，盆子小，容易旺。盆子大，火就難發，又燒不旺。從歷史上看，我們幾次到了極危險艱難的時候，每從一個小地方發生出新力量。這個力量，並不是在全國各地同時發起，只在一個地方發起，而每易在小地方發起。諸位是軍人，國民革命軍北伐，還不是從廣州黃埔一個小地方發起的嗎？大家集中到一個小地方，地面小，人口少，而這力量卻發生了。今天的臺灣，天造地設是一個孤島，正是我們復興文化的一理想基地。只要我們下決心。

我們從另一方面講，近代的中國人正為沒有了文化的自信心，而陷入了這個艱難危險的深坑裏邊去。在清末，我們想學日本，想學德國。後來我們想學英國、法國。再後來想學美國。而中共則想學蘇維埃。正為我們失掉了自信，所以只想模仿抄襲學別人。今天已經走絕了路，或許我們還有一般人，還沒有徹底覺悟，認為我們學美國，可以戰勝了他們學蘇維埃，沒有懂得「反而求諸己」。但目前實已到了各路都斷了，無路可通，只有回過頭來學自己。「復興文化」才是救中國，使我們再做一中國人的唯一可行之路。我們在這樣情形下，該下一決心。其實決心就是信心，有了信心，開始實踐，一步踏上，就是決心。

於是第三，我們再要有一個「堅定心」。不轉不退，不搖不惑，前面只有此一條路。大學上說：「知止而後能定，定而後能靜，靜而後能安，安而後能慮，慮而後能得。」我們要能定、能靜、能安，纔能來考慮一切問題，使自己聰明顯露發越，而後始能有得。最先便是要「知止」。我們這一百年來，平心而論，那一個不愛國，那一個不奮鬥。可是到今天，一無所得，正為我們不懂得知止。中國人就是中國人，這是我們一個大本根，離此本根去學外面，忽此忽彼，這心沒有一天定下，沒有一天靜着安着來考慮，那樣如何能有得？一切事情，我們該先懂得要站定在一點上，不能搖動。坐也坐在這上，跑也要從這一步跑起，跳也要從這一點跳起。今天就要我們在「文化復興」這四個字上停下。下面千變萬化，驚風駭浪，不斷地來，我們心先定下了，靜靜地，安安地，來考慮應付，這樣才能有所得，所以我們又要有一個堅定心。

再進一步講，第四，我們要有個「誠心」。誠是要「內外合一」。外邊的言與行，要和內面的心相合一，誠又要「始終合一」。開始這樣，最後還是這樣。我們這一百年來，全國人心，彼此不合一，始終不合一。雖說是大家為愛國，要救國，表現出來實像是心不誠。一路翻滾，一路衝突，像是在自搗亂。我們該要同心合力貫徹始終。特別重要的，在要使我們的「心」和「理」合一，我們才能內外合一，前後合一。所以中國古人講一「誠」字，同時又要講一「明」字。但有了誠心，才能慢慢兒到達一個明。明白了，也才能慢慢兒到達一個誠。在我們所謂誠的中間，有一種「明慧」和「理智」的成份。不是說純感情，或純意志的。我們要有一個明慧與理智在裏邊，才能「立誠」。

我在此同諸位講中國文化精神已有十多次，主要都從理智方面講。我們明白了中國文化之偉大，才能建立起信心，才能有誠。但反過來講，我們有了這信心與誠，我們也自能走上眞明白的路上去。所以我們講誠，可從兩方面講。一面是開步走，要誠心誠意來復興文化。至於怎樣的復興法，那麼有了誠心，自會慢慢兒懂得心誠求之，鬼神通之，自會明。那是說起步的誠心。待我們有了明白，知止而後能定、能靜、能安、能慮、能得。由我們的明慧理智，再跑到這個誠字上，這是一個到家的誠。所以，從頭到尾只有一個誠，明與不明且暫不論，最要先辨一「誠」。我有一個朋友，也在軍隊裏服務，他有兩個兒子，一在美國學理科，一在中學畢業要考大學了。他並不是已懂了中國文化，但他喜歡讀中國書，要進文學院。他父母極力勸阻他，進文學院，將來無出路，要吃虧，應該進理學院。用盡種種方法相勸，但兒子堅定要進文學院。他們父子同來看我，經我一番勸譬，那父親明白了，回去告訴他妻，也答應了。我說：我還沒有看見過有這樣決心的年輕人，我願盡義務指導他。當然為父母的，都誠心要為他兒子謀出路，但出路也不只一條。多年前，我同一個日本學者談話，我說，我們中國青年都喜愛學理科，不肯學文科。那位日本學者說，日本也一樣。可是他下面又說，只有家境好的，不一定要為兒子謀生業，纔許進文科。但我們就是家境好，還希望兒子學理科。我剛纔講的那位朋友，家境並不是很好，然而終於接受他兒子的意見，讓他學文科，我想這也是他的誠。也已是由誠而明，又是由明而誠了。

若使我們每一人，有此一誠心，對兒女們也該教其誠，希望他們同來參加復興文化的工作。喜歡理科，讓他到外國去；喜歡文科，讓他留國內，不一樣嗎？若我們只關心兒女將來的生活與職業，並沒有關心到國家民族當前所需要的各方面的人，這也可說其心不誠，因他並無一個誠心為國家為民族。最多他誠心為兒女，而強違兒女所好，仍是心不誠，為其子女前途，仍然想得不周到。我們若各從這些處反過來想我們自己，或許我們都有子女進學校，這就是我們該值得考慮的一點。就是朋友相處，對社會，我們也不能只看他到外國，或是有高職位，就看重。為國家，為民族，天下興亡匹夫有責，我們可以各盡我們可盡的一份責任。如我們每一人，各在心上一變，我們的社會風氣就會跟着變，這力量不大嗎？諸位不要看自己只是一個小人物，對國家社會不可能有什麼大貢獻。只要我們各人心裏有一個誠心為國為民族，這自然會碰到很多問題在表現其力量。若說這些力量小，大力量就從小力量來。這些看不見的小力量，可能會成大力量。

上之所舉，雖然是一些極平常極零碎的事，只要我們有一番誠心，在極不相干的地方，也可以表現出力量。我有一次在臺中火車站等火車，碰到一個認識的人，講他的兒子考不取大學，要去從軍。我說你不要心上苦痛，在軍隊裏也很好，做人不是定要進大學，進軍隊也有好處。我這幾句話，至少使他家庭解了一個苦悶。他兒子進軍隊，也覺得很開心。旁邊適有兩位軍人，聽着也很高興。覺得做軍人，也無愧於我們的做人大道。這麼一番話，也有其作用與貢獻。諸位只要心誠，天下興亡，有我的一番責任。我只要有一個「誠心」，自然有講不出數不清的種種力量，與種種貢獻。

四

第五種，我們還要一個「虛心」。不計較，不打算，不許夾雜一切功利觀念，讓其盤據在我的心裏。剛才我講那兩位父母為兒子計畫進大學的事，他們的心就不虛，定要兒子進理科，正為夾帶有其他打算，其他計較。這些都是他們的主觀。兒子喜歡文科，為什麼不讓他進文科。這因先有一個主觀在那裏。我講虛心，先不要貪，父母見兒子聰明，總希望將來到外國一番發達，那是他的貪。又不要慢，傲己慢人，卻被自己私見作了主。大概人貪的就易慢，慢的也易貪。這都是我們的心不虛。若我們要講復興文化，先要養成一個虛心，不要有一切成見，不要有一切主觀，不要一切自以為是，一心只在尊重傳統文化上，一心只要復興文化。心一虛，自有很多聰明很多智慧產生。今天我們的言論講話，我覺得有一大部分都是心不虛，有成見，自以為是，講成一番大道理，而實未接觸到己心。

再一層，我們要有「耐心」。知止而後能定、能靜、能安、能慮，這就是一個「耐」。所謂「任重而道遠」，要為國家、為民族，這個擔子多重？挑在肩膊上，道路又多遠？今天我們的國家民族，眞是在艱難危險中，向前走上光明的路，不是一轉眼的事。諸位當知，我們自信的心動搖，一切破壞到今天，最少已經一百年。我們的病痛不是今天起，誰也不能怪誰，我們正是這一百年來時代中的產兒。要我們今天來挽回這時代，要從我們每一人每一心上做起。那能不要備具一番耐心呀！

諸位莫謂人同此心，心同此理，為自己國家民族文化求復興，其事輕而易舉。當知前面道路必然遙遠，驚風駭浪，千曲萬折，不曉得前面究有些什麼事。如我上面舉例，那兩位父母讓他們兒子去讀文科，這不是一兩年，乃至十年八年便見成績的。該對自己孩子有信心，有耐心。這是一件小事，猶如此，今天是為國家民族，理論是如此講，我們眞希望各方面都要有大聖大賢，大偉人出來領導，才能救我們百年來之困阨，使我們中國人與中國得再放光輝，使我們文化再復興，這眞是一件大事，要我們每一人大家耐心等待着。否則在此長遠途程中，會隨時發生懷疑、搖動，甚至使前功盡棄。若我們眞有耐心，只有一條路向前，那亦無所謂耐不耐。

以上已講了六點。第七點還要我們有「犧牲心」。在今天的情形下，沒有犧牲精神，什麼也談不上。諸位是軍人，試想如岳武穆、文天祥，中國歷史上許多民族英雄，他們處在何等艱難困苦的環境中，使我們的文化直傳到今天。從淺處講，要不急近利。今天拿出本錢，不能明天就要利息。又要不慕虛榮，不怕寂寞。那些都是條件。今天我們經過蔣公提倡，大家都在講復興文化，但復興文化起步時，實是一件寂寞孤單的事。要在每一人心裏，有決心，有耐心，慢慢兒一步步來。不要怕人家笑，不要怕人家冷淡，我們要看清楚外邊一切，又要看清楚自己一切。又要看輕這外邊和自己的一切。眞像把自己作犧牲，來貢獻於復興文化這一件神聖事業上。我們這六尺之軀，既骯髒，又齷齪，這個百年之命，又很短暫，並無什麼了不得。能拿來貢獻於這一個莊嚴聖潔的神聖事業上，豈不值得？諸位要抱這樣一個心，我自己的一切都可存而不論，這就是虛心，也就是犧牲心。

五

特別重要的，我要同諸位再提到最後的第八點。我要諸位大家講一個「羞恥心」。「不知恥」，是「大恥」。我所以今天要最後提出這一點的原因，亦因為諸位乃是一軍人。中國文化傳統中的軍人教育就要教你懂羞恥。軍人的武德定要勇。中國古人說，「知恥近乎勇」。換言之，不知恥，便不能勇。所以說「明恥教戰」。不明羞恥，這個軍隊必然無用，不能戰。今天我們的中國和中國人，一百年來常在羞恥中。小學中學歷史教科書上講的近百年史盡是國恥。下邊即是要五月來了，五月裏的國恥更多。這是講的外面。講到內面，我們祖先四千年傳下這一套光明燦爛的文化，我們把它丟在一旁，只懂得學外國，學到一點皮毛，就目無古人，認為自己了不起。諸位當知，我們如何能八年對日抗戰，終達勝利？正為當時我們中國人心裏只是崇拜西方人，卻不崇拜日本人。認為日本人無何了不得，也不過學了西方。你們學了西方，卻來欺侮我們。中國人覺得被日本人欺侮是最羞恥的，所以能舉國上下共起反抗。若使我們為西方人欺侮，或許會有許多人認為是應該，並不覺得是羞恥。

孟子說：「勇士不忘喪其元，志士不忘在溝壑。」我們可以有一天戰死，或餓死，所以岳武穆也說，要「文官不貪錢，武官不怕死」。當知這都從一個「恥心」來。今天我們為國家民族，為自己的文化傳統負責任，那能恬不知恥？諸位是軍人，是保衛國家、保衛民族的靈魂，同時即該是民族的英雄，那能沒有知恥心。我們四千年來祖宗傳給我們一套文化，疆土這樣大，人口這樣多，歷史這樣久，我們墮落到如此地步，請問可恥者究是我們，還是我們的祖宗？到今天，我們要來保衛文化，復興文化，軍人站在最前線，戰死陣亡是天職，饑餓辛勞也是天職，這並不能說是一種職業，乃是天下興亡匹夫有責的一個「責任」，更要則在能知恥，要知道我們可羞恥的在那裏。當然每一個中國人，都應該知恥，都應該有自尊心，而特別是軍人，因為在生死存亡的最前線。明恥教戰，若不知恥，怎當得起中國當前的軍人。

我上面舉出復興文化八個心理條件，最先要有「信心」，最後要有「知恥心」，其實八個條件只在一個「心」上。有了此一心，便有那一心，沒有彼此，沒有先後，一切則只在我們每一人之這一心上。無甚多話可說。

《錢穆先生全集》總書目

甲編

國學概論
四書釋義
論語文解
論語新解
孔子與論語
孔子傳
先秦諸子繫年
墨子　惠施公孫龍
莊子纂箋
莊老通辨
兩漢經學今古文平議
宋明理學概述
宋代理學三書隨劄
陽明學述要
朱子新學案（全五册）
中國近三百年學術史（一、二）
中國學術思想史論叢（全十册）
中國思想史
中國思想通俗講話
學籥
中國學術通義
現代中國學術論衡

乙編

周公
秦漢史
國史大綱（上、下）
中國文化史導論

中國歷史精神
國史新論
中國歷代政治得失
中國歷史研究法
中國史學發微
讀史隨劄
中國史學名著
史記地名考（上、下）
古史地理論叢

丙編

文化學大義
民族與文化
中華文化十二講
中國文化精神
湖上閒思錄
人生十論
政學私言
從中國歷史來看中國民族性及中國文化
文化與教育
歷史與文化論叢
世界局勢與中國文化
中國文化叢談
中國文學論叢
理學六家詩鈔
靈魂與心
雙溪獨語
晚學盲言（上、下）
新亞遺鐸
八十憶雙親師友雜憶合刊
講堂遺錄（一、二）
素書樓餘瀋
總目